平等の教育社会学

現代教育の診断と処方箋

耳塚寛明
中西祐子
上田智子
［編著］

勁草書房

はじめに

　私は 1988 年 4 月にお茶の水女子大学に着任した。最初の 1 年は国立教育研究所研究員との併任講師として，翌年度からは専任講師として，教育社会学を担当した。時の流れは速く，何をしているのかよくわからないままに齢を加え，気がついてみたら定年退職が間近に迫っていた。どういう心構えで着任したのか明瞭な記憶があるわけではないが，ただ一つ，少なくとも自分たちの後継者（つまり大学教員や研究者）を育てることのできる研究室でありたいと思った。

　この本は，この間に，お茶の水女子大学教育社会学研究室を巣立っていった研究者の論文を中心に編んだものである。本書では 11 本の論考を 5 部構成にまとめた。第Ⅰ部は進路選択をめぐる研究，第Ⅱ部は教育達成の階層間格差に関する研究，第Ⅲ部はオルタナティブな学歴についての研究，第Ⅳ部は子どもや教育にまつわる言説の研究，第Ⅴ部は学力格差研究である。執筆者は，同じ場所から研究者を志したとはいえそれぞれ独立した研究者であるので，その専攻テーマは多岐にわたる。多様性は必然である。

　けれども多様性の中に二つの求心性を認めることができる。第一に，実証性である。各章は，数量的か質的かの方法的違いはあっても，いずれも調査研究に依拠して経験的な証左をもとに議論を展開している。拠点形成事業費（COE）や科研費による JELS（Japan Education Longitudinal Study），文部科学省委託研究，労働政策研究・研修機構やベネッセ教育総合研究所におけるプロジェクトなど，使っているデータや財源はさまざまだが，実証的な研究である点で一致している。第二に，現代社会における「教育と不平等」問題に共通して関心を寄せていることである。何編かは教育達成の格差や学力格差を直接研究課題としている。そうではない執筆者も，現代社会に同時代人として生きる社会科学者として，不平等の存在を視野に収めている。

　本書に共有された後者の関心を根拠に，本書のタイトルを『平等の教育社会学』とした。教育社会学分野での著作では，問題事象の問題性に注目してタイ

トルを冠するものが多くを占める。範例に沿うのであれば本書のタイトルは『不平等の教育社会学』とするのが妥当であろう。けれどもあえて『平等の教育社会学』とした。たしかに，教育社会学が，社会事象が生起するメカニズムと力学を明らかにする「存在学」だとすれば，「なぜ？」という問いに答えて事象を説明するところまでで学問的使命は果たされているといえる。不平等がなぜ生まれ維持されているのかを説明するだけで——それ自身難しいが——十分である。しかし，教育社会学は「存在学」であるのみならず「規範学」でもある。この学問分野の背後には，行政や教育現場でそれぞれの仕事に従事する多数の実践者たちがいる。さらに，問題事象に生活を脅かされ，不利益を蓄積する，当事者たる生活者たちがいる。彼ら彼女らを前に，事象が生起するメカニズムを説明する存在学だけでは十分とはいえない。一歩歩みを進めて，学術的知見に依拠した，ミクロ・マクロの処方箋を提示すべきである。同時代に生きる者として問題解決のための処方箋を提示するところまで志すべきであろう。いま求められているのは，不平等の教育社会学をこえて，平等への処方箋を秘めた「平等の教育社会学」だと思う。

　とはいえ，平等への処方箋を秘めた平等の教育社会学への道は茨の道でもある。第一に，基盤となる不平等の教育社会学自体，複雑に絡み合った諸要因を解きほぐすという困難が待ち受ける。第二に，処方箋が万人の利益に合致することは希でしかないため，政治という新たな領域へと踏み込まねばならない。第三に，そもそも理想とすべき平等がどのような状態をしてそのようにいえるのかも定かとは言いがたい。結局のところ，「今よりもわずかでもましな」状態へと一歩一歩進んでいくほかなす術はないのかもしれない。

　平等の教育社会学は，開かれた言葉を持たなければ成立しない。研究者世界でのみ解読可能な，あるいは教育ムラの住人だけが賛成できる処方箋は，課題解決に向けた説得力を持つことはない。私たちの論考がどこまで平等の教育社会学に迫っているのか，読者のご判断に委ねたい。

2019 年初春　編者を代表して　耳塚寛明

平等の教育社会学
―現代教育の診断と処方箋―

目　次

はじめに　　（耳塚　寛明）　*i*

第Ⅰ部　キャリアはひらかれているか？

第1章　90年代以降の大都市における若者の職業意識の変化 ………… 3
　　　　──「若者のワークスタイル調査」より──

堀　有喜衣

1．はじめに　*3*
2．大都市の若者の職業意識の変化　*5*
3．誰が「できれば仕事はしたくない」と考えているのか　*8*
4．おわりに　*11*

第2章　若者のトランジションと社会変容 ……………………………… 14
　　　　── JELS 調査でみる高卒後10年──

寺崎　里水

1．後期青年期という課題　*14*
2．分析視点　*15*
3．分析に用いるデータ　*19*
4．結果　*20*
5．分析と考察　*24*

第3章　都市と地方の若者の自立観と依存 ……………………………… 29
　　　　── JELS インタビュー調査から──

中島　ゆり

1．はじめに　*29*
2．JELS インタビューの概要　*30*
3．高3時の自立についての年齢規範　*31*
4．20代後半の自立観　*32*
5．おわりに　*41*

第4章 進路としての無業者 ··44
　　　―教師の認識と指導「理論」―
　　　　　　　　　　　　　　　　　　　　　　　　　　諸田　裕子

　1．本章の目的　44
　2．調査の概要　44
　3．本章の分析枠組――教員の語りへの着目　46
　4．多元的な現実を生きる教員たち
　　　　――「未定者」の特徴をめぐる語りから　46
　5．指導「理論」――指導の実態や理念を語る教員たち　54
　6．小括――指導「理論」の問題構成　62

第Ⅱ部　格差に挑む

第5章 親の学歴期待と子の学歴希望・教育達成 ················69
　　　―変化するなかでの関係性および階層差―
　　　　　　　　　　　　　　　　　　　　　　　　　王　杰（傑）

　1．はじめに　69
　2．使用するパネルデータ　70
　3．2つのコーホートの分析結果　72
　4．知見のまとめと考察　81

第6章 我が子に対する学歴期待と自身の大学時代の学びや成長 ··········86
　　　―大学既卒者に対する大規模調査に基づいて―
　　　　　　　　　　　　　　　　　　　　　　　　　望月　由起

　1．問題背景　86
　2．調査の概要　88
　3．我が子に対する学歴期待と大学に対する価値づけ　90
　4．大学時代の充実度・成長実感による我が子に対する学歴期待の
　　　相違　93
　5．おわりに　99

第Ⅲ部　学歴社会を超えて

第7章　不本意入学からの脱出 ……………………………………………… 105
―「高専卒業生アンケート」の分析から―

李　　敏

1．「就職率100%」の高専における不本意入学　*105*
2．不本意入学発生の構造　*106*
3．分析の結果　*110*
4．不本意から脱出するためには　*116*

第8章　国境を越えた職業達成に対する学歴の効果 ………………… 120
―アメリカ The New Immigrant Survey（NIS）第一波調査の分析―

中西　祐子

1．問題の所在　*120*
2．先行研究における議論　*121*
3．データとサンプルの特徴　*123*
4．学歴別にみた移住後の職業達成　*126*
5．移住後の職業達成にみられるジェンダー構造　*128*
6．国際移動とメリトクラシー，ジェンダー，ナショナリティの交差　*134*

第Ⅳ部　子どもと教育の最前線

第9章　選択としての発達障害と医療格差 …………………………… 141
―発達障害児の親へのインタビュー調査から―

木村　祐子

1．発達障害という「選択」　*141*
2．医療化現象としての「発達障害」　*143*
3．当事者が抱える問題　*147*
4．逸脱研究における格差論のジレンマ　*154*

第10章 保育者の専門性とは何か ……………………………… *159*
　　　　―保育者の専門性の実証的分析試論―
　　　　　　　　　　　　　　　　　　　　　　　　上田　智子

　1．はじめに　*159*
　2．保育者の専門性に関する議論の動向　*160*
　3．実習日誌コメントのテキスト分析
　　　　――保育者の専門性の実証的分析試論　*164*
　4．おわりに――今後の課題　*166*

第Ⅴ部　平等の教育社会学

第11章　学力格差の社会学 ……………………………………… *173*
　　　　―高い成果を上げている学校に学ぶ―
　　　　　　　　　　　　　　　　　　　　　　　　耳塚　寛明

　1．学力の地域間格差から家庭的背景による格差へ　*173*
　2．家庭的背景と学力格差　*175*
　3．高い成果を上げている学校　*183*

あとがき　（上田　智子・中西　祐子）　*195*

索引　*198*

第Ⅰ部　キャリアはひらかれているか？

第1章

90年代以降の大都市における若者の職業意識の変化
―「若者のワークスタイル調査」より―

堀　有喜衣

1. はじめに

　本章の目的は，筆者が15年にわたり実施してきた「若者のワークスタイル調査」を用いて，移行が不安定化してから今日までの若者の職業意識の変化を探ることである。分析に先立ち，この15年間の労働市場の変化――学校から職業への移行の変容――を求人倍率から概観しておきたい。

　バブル末期の1992年にピークを記録した新規学卒者に対する求人倍率は転げ落ちるかのような急激な低下をみた。この時期には単なる量的な変化だけではなく，高卒就職における質的な変化が生じた。さらに1997年に新規高卒就職者を新規大卒就職者が量的に凌駕するようになり，新規学卒者のメインストリームは高卒者から大卒者に交代した（図1-1）（堀 2016）。

　教育社会学において移行の不安定化が最初に察知されたのは大都市部，とりわけ東京都であり，高校から職業への移行であった。高校を卒業しても，安定した就職も進学もしない高卒無業者はどうなっていくのか，あるいはフリーターと呼ばれる若者層はどのような状況にあるのかまったくわからない中で，実証的な調査を通じて実態と解決策を見出そうとしたのが，耳塚寛明編著（2000）および日本労働研究機構（当時）（2001）の「若者のワークスタイル調査（以下，ワークスタイル調査と呼ぶ）」である。筆者は耳塚と共に両方の調査に参加していた。

図 1-1　新規学卒者の求人倍率の推移

資料出所：新規高卒求人倍率　厚生労働省（各年度）「高校・中学の求人・求職・内定状況」，新規大卒求人倍率　リクルートワークス（各年度）「ワークス大卒求人倍率調査」

　耳塚編著（2000）は，40代の耳塚を主査として，東京都の進路多様校に対する調査研究を中心に，都市部だけではない高校へのインタビューや3地域での教員アンケートについて高卒無業者研究会がまとめた報告書であり，当時院生であった筆者は事務局を務めていた（成果の一部は諸田裕子（2000）に所収）。今振り返れば，この研究は1990年代の東京都の高校の不安定化を鮮やかに多面的に切り取っていたのだが，当時の筆者はあまりそのインパクトがわかっていなかったように記憶している。1990年代後半の都市部の高校の混迷が浮かび上がったという点で，実に貴重な研究であったと思う。

　2001年に実施された「ワークスタイル調査」は，調査目的こそフリーターに焦点を置かれてはいたが，東京都の不安定な若者層の移行過程を探るという点で，高卒無業者研究会の成果と響きあっていた。この後日本労働研究機構に仕事を得た筆者は，当初は1回のみの調査として構想された「ワークスタイル調査」を定点観測調査として位置づけなおし，多くの制約の中で5年ごとにこれまで4回ほど実施してきた。本章ではその中から，職業意識の項目を備えて

いる 2001 年調査，2011 年調査，2016 年調査の 20 代後半層に対するデータを活用して，この 15 年間の若者の職業意識の変化をたどりたい。なお調査の詳細については労働政策研究・研修機構（2017）をご覧頂きたいが，東京都の若者に対する無作為抽出による量的調査であり，毎回 20 代後半層について 1,000 人程度の調査規模を確保している。

2. 大都市の若者の職業意識の変化

若者の職業意識の基本的な趨勢について，2001 年，2011 年，2016 年調査より確認する。日本における若者の職業意識の変化に関する研究は，正社員の調査である公益財団法人日本生産性本部「働くことの意識」調査を除き限られており，「ワークスタイル調査」は，正社員ではない若者を含んだ調査として珍しい定点観測的な調査となっている。

男性の変化からみると（図 1-2），全体としては堅実的で安定志向になっている。2001 年調査で見られた，「若いうちは仕事よりも自分のやりたいことを優先させたい」「いろいろな職業を体験したい」「やりたい仕事なら正社員でもフリーターでもこだわらない」という「フリーター共感」意識は影を潜めた。他方で「将来は独立して自分の店や会社を持ちたい」という独立志向も減少し，「自分に向いている仕事がわからない」「できれば仕事はしたくない」という割合は増加した。

続いて女性について検討する（図 1-3）。男性とそれほど傾向は変わらないが，男性よりもさらに堅実で安定志向になっており，他方で「自分に向いている仕事がわからない」は増加し，特に「できれば仕事はしたくない」はさらに男性よりも顕著に見られた。

次に職業意識に影響を及ぼしやすい，現職の就業形態による分析を行う。図 1-4 は男性だが，最も特徴的なのは「自営・家業」である。「正社員（公務員含む）」は全体として「フリーター志向」も独立志向も弱い。また「専門的な知識や技術を磨きたい」「職業生活に役立つ資格をとりたい」などの能力向上志向は高くなっているが，「できれば仕事はしたくない」は他の就業形態と同水準になっている。「パート・アルバイト」は当然のことながら，「フリーター共

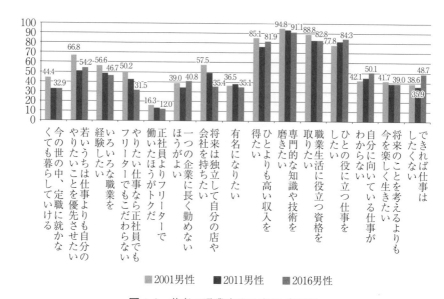

図1-2 若者の職業意識の変化（男性）

資料出所：「ワークスタイル調査」を筆者が再分析

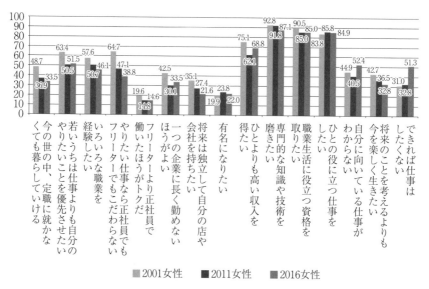

図1-3 若者の職業意識の変化（女性）

資料出所：「ワークスタイル調査」を筆者が再分析

図 1-4　就業形態別・男性の職業意識

資料出所：労働政策研究・研修機構（2017）

感」傾向が高くなっている。「契約・派遣等」は「パート・アルバイト」に類似しているが「やりたい仕事なら正社員でもフリーターでもこだわらない」は高くなっており、「パート・アルバイト」よりも仕事内容に対してこだわりがあるようにみえるが，資格志向は弱い。

　女性においては（図1-5），「自営・家業」のサンプルサイズが小さかったため示していない。「パート・アルバイト」は「フリーター共感」傾向が高く「能力向上志向」は弱いが，独立志向は高くなっている。正社員は「フリーター共感」傾向はきわめて弱く「能力向上志向」が高くなっているが，「自分に向いている仕事がわからない」「できれば仕事はしたくない」においても高くなっているのが特徴である。「契約・派遣等」は男性とは異なり，正社員とパート・アルバイトの中間に位置している。

第1章　90年代以降の大都市における若者の職業意識の変化

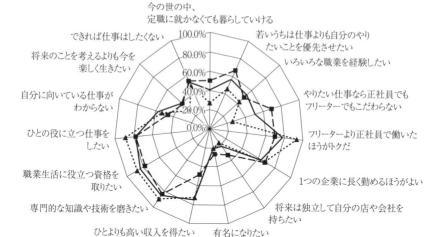

図 1-5　就業形態別・女性の職業意識

資料出所：労働政策研究・研修機構（2017）

3. 誰が「できれば仕事はしたくない」と考えているのか

　今回の 2016 年調査において，2001 年調査および 2011 年調査と比較して最も変化（増加）した項目は「できれば仕事はしたくない」であった。現職別に見ても，他の意識は現職によって差異が見られるにもかかわらず，この項目にはそれほど差がなく，「できれば仕事をしたくない」という意識はまんべんなく存在しているように見える。本節では「できれば仕事をしたくない」の「そう思う＋ややそう思う」（図表では「仕事離れ」）と，「あまりそう思わない＋そう思わない」（図表では「非仕事離れ」）の 2 つのカテゴリーに分けて分析を加える。

　これまでのキャリアを整理した「キャリア類型」との関連をみると（表 1-1），女性の「非典型一貫」で「仕事離れ」志向が高くなっているが，男性では大きな違いがあるわけではない。図 1-4 および図 1-5 において現職別に見てもあまり違いが見られなかったが，「キャリア類型」による差異もあまり見出されな

表 1-1 キャリア類型別にみた「仕事離れ」志向

		正社員定着	正社員転職	正社員から非典型	正社員一時他形態	非典型一貫	他形態から正社員	自営・家業	現在無業	その他・不明	合計	N
男性	仕事離れ	45.6	14.0	2.9	5.1	9.2	16.2	4.0	2.9	0.0	100.0	272
	非仕事離れ	43.6	13.9	4.2	2.8	9.8	15.7	5.6	4.2	0.3	100.0	287
女性	仕事離れ	33.1	10.1	10.9	6.0	19.4	10.9	3.6	5.2	0.8	100.0	366
	非仕事離れ	37.1	12.1	12.6	8.0	14.7	8.9	2.9	3.7	0.0	100.0	348

資料出所：「ワークスタイル調査」を筆者が再分析

いので，就業形態やキャリアなどの働き方による影響は少ないと考えることができる。図表は省略するが，労働時間や収入にも2つのタイプの差があまり見られなかった。よって，「仕事離れ」志向は就業形態やキャリア，現在の労働条件に大きく規定されているわけではなさそうである。

次に属性的な要因である出身階層からみると（図1-6），生家の経済的豊かさが「仕事離れ」志向に影響を及ぼしていた。生家が豊かでないほど「仕事離れ」志向が強くなっている。

学歴別にみると男性では「できれば仕事をしたくない」が大卒と非大卒の比較だとあまり差がなく，女性では非大卒において「できれば仕事をしたくない」という割合が高くなっていた（図1-7）。

結婚の有無も「仕事離れ」志向に影響を及ぼすと考えられるが，結婚経験の有無（現在結婚している者は結婚経験有に含む）は男性についてはそれほど差がないが，結婚経験のない女性において結婚経験のある女性よりもむしろ「仕事離れ」志向が高かった（「ワークスタイル調査」を筆者が再分析したが，図省略）。

そこで生家の経済的豊かさと学歴を組み合わせて男女別に違いを見たところ（図1-8），男性で最も「仕事離れ」志向が強いのは「豊かでない大卒者」であり，次に「豊かでない非大卒者」で高かった。他方で女性の場合には「豊かである非大卒者」で最も強く，「豊かでない非大卒者」が次に高かった。したがって属性と学歴の影響は男女によって異なっており，男性は生家が経済的に豊

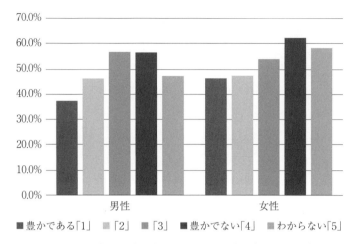

図 1-6 生家の経済的豊かさ別にみた「仕事離れ」志向
資料出所:「ワークスタイル調査」を筆者が再分析

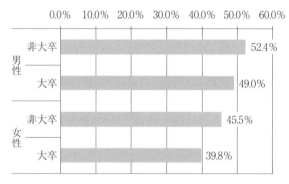

図 1-7 学歴別にみた「仕事離れ」志向
資料出所:「ワークスタイル調査」を筆者が再分析

かでないことが，女性は非大卒であることが「仕事離れ」志向を高めていた。
　続いて現在の状況に対する評価との関連を見ると（図1-9），男性は「仕事離れ」で「経済的に自立している」割合が高いものの，現在の生活についての満足度や今後の見通しなど他の項目においては，「非仕事離れ」において肯定的な評価が高くなっている。女性については「これまでの進路選択は順調であった」はほとんど差が見られないが，他の項目ではかなり差が開いている。特に

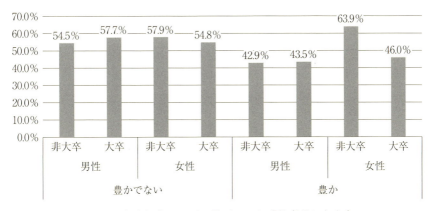

図 1-8 経済的豊かさ別・学歴にみた「仕事離れ」志向
資料出所:「ワークスタイル調査」を筆者が再分析

男女とも「将来の見通しは明るい」「現在の生活に満足している」という項目においては「仕事離れ」「非仕事離れ」の差が大きい。以上から,「仕事離れ」志向は将来の見通しや生活満足度との相関がみいだされた。

4. おわりに

　本章は東京都の若者を対象とした「ワークスタイル調査」を用いて,この15年間の若者の職業意識を探ってきた。この15年間は労働市場が大きく移り変わる中で若者の職業意識が堅実化していく過程であったが,他方で「できれば仕事をしたくない」という意識が高まっている点も大きな変化として捉えられた。そこで「できれば仕事をしたくない」という意識の規定要因を探ったところ,男性の場合は生家が経済的に豊かでないほど,また「将来の見通しは明るい」「現在の生活に満足している」などと考えていない場合に「できれば仕事はしたくない」と考えていた。女性の場合は非大卒であることや「将来の見通しは明るい」と考えていない場合に「できれば仕事をしたくない」と感じることが把握された。男女ともこれまでの働き方や結婚の影響はそれほど大きくなかった。

　分析はきわめて探索的なものではあるが,「できれば仕事をしたくない」と

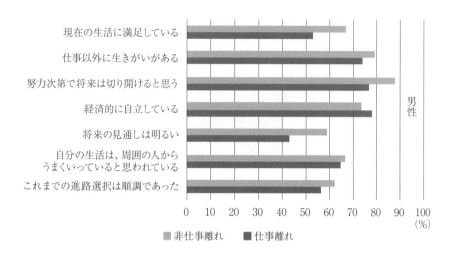

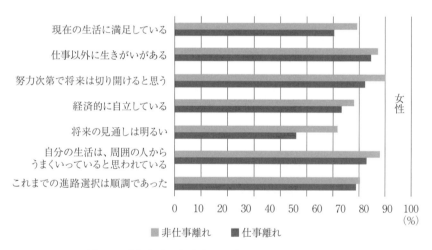

図 1-9 「仕事離れ」志向と現在の状況に対する評価
資料出所：「ワークスタイル調査」を筆者が再分析

いう意識については従来若者の職業意識を分かつのに重要だと考えられていた現在の働き方やこれまでの働き方ではなく，男性においては生家の，女性においては学歴の影響が見られ，男女とも将来の見通しなどの主観的な意識が影響を与えている可能性が把握された。「できれば仕事をしたくない」という意識

の増加や就労に関わる変数の影響の後退が若者の労働市場状況がきわめて好転した時期であるゆえの一時的な現象であるのか，あるいは長期的な現象であるのかについては今後の調査結果を待たねばならないだろう。

　1990年代後半に高卒者の移行過程の変容の把握から始まった学校から職業への移行研究は，今日においては多様な領域に広がり，他領域とも重なりをみせつつある。移行の揺らぎに対して，いち早く実証的な調査により事実を捉えようとした1990年代後半の都市部の研究は，教育社会学の独自性を示すものであった（堀 2017）。こうした独自性を継承しつつ，新しい学校から職業への移行研究を切り開いていくのが筆者を含めた教育社会学者の今後の課題である。

参考文献
堀有喜衣，2016，『高校就職指導の社会学――「日本型」移行を再考する』勁草書房．
堀有喜衣，2017，「若者とトランジション――学校から職業への移行研究の現在」稲垣恭子・内田良編著『変容する社会と教育のゆくえ　教育社会学のフロンティア2巻』岩波書店．
耳塚寛明編著，2000，『高卒無業者の教育社会学的研究』（平成11～12年度科学研究費補助金〔基盤研究（C）(2)〕研究成果報告書）．
諸田裕子，2000，「進路としての無業者――教師の認識と指導『理論』」耳塚寛明編著『高卒無業者の教育社会学的研究』（平成11～12年度科学研究費補助金〔基盤研究（C）(2)〕研究成果報告書），pp. 23-32.
日本労働研究機構，2001，『大都市の若者の就業行動と意識――広がるフリーター経験と共感』調査研究報告書No. 146．
労働政策研究・研修機構，2017，『大都市の若者の就業行動と意識の分化――「第4回若者のワークスタイル調査」から』労働政策研究報告書No. 199．

第 2 章

若者のトランジションと社会変容
―JELS 調査で見る高卒後 10 年―

寺崎　里水

1. 後期青年期という課題

『教育社会学研究』で後期青年期の課題が特集されたのは 2005 年のことで，既に 10 年以上がたった。1990 年代の「困った若者」という議論――大人としての義務を免れたい本人の選択によって延長された青年期――は今日，「戦後日本型青年期（乾 2010）」の解体――社会構造によって生み出された大人の条件に手が届かない若者たち――として理解することが一般的になっている。

本章では学校から労働へとスムーズに移行しない若者たちのキャリアを，標準的なキャリアパターンからの逸脱ではなく，「滞留する時間の中で奮闘する者たち」（乾編 2013: 359），「なんとかやってゆく世界」（中西・高山編 2009: 11）として把握しようとする研究が現れたことに注目したい。それらは，従来の移行研究が，賃労働・正規雇用をゴールとする規範的な枠組みを持っていることを批判し，若者のキャリアを彼らのリアリティに沿って丁寧に質的に明らかにしていく手法をとっていることが共通の特徴である。標準的なキャリアパターンとは異なる移行過程をたどる若者たちは，そこでは，自律性に欠け，ただ周囲に流されている存在として描かれたりはしない。そうではなく，友人ネットワークをつかって働く先をうまく探索・発見し，そこに馴染むことの繰り返し，あるいはそのなかで自分に対する自信を獲得するような経験を積むことの繰り返しによって，主体的に大人になろうとする者として描かれているのだ。

本章も，現在の若者は青年期から成人期へのスムーズな移行が当たり前ではなくなった時代を生きており，そのなかで彼らは主体的に大人になろうと試行錯誤を繰り返しているという認識をこれらの研究と共有し，今日の若者たちがどのように後期青年期を過ごしているのかを考えたい。その際，表2-1[1]に整理したように彼らが過ごしてきた時代背景を様々な側面から理解することは欠かせない。① 1990年代末，新規高卒者の内定率が下がった一方で，高等教育全体への進学率は上昇していったこと，②学校現場では新しい学力観やゆとりを打ち出した学習指導要領のもと，偏差値よりも子どもの個性，意欲や態度を重視する指導が始まったこと，③ 2000年代に入って「やりたいこと」を仕事にすることが新しいキャリアのあり方として社会的に認知された反面，非正規労働者の割合も少しずつ上昇したことなどが，主要な背景として指摘できる。社会全体のこのような変化のなかで，若者たちが後期青年期をどのように過ごしていたのかをみていく。

2. 分析視点

本章では先行研究がとりあげてこなかった「中途半端な層（missing middle）」(Roberts 2011) の存在に注目し，彼らを通して，今日の若者たちの労働市場への移行のあり方と「大人になる」規範の捉え直しを試みることにする。

(1) missing middleへの着目

ロバーツ（Roberts, S.）は，生きるために不安定雇用を定職としなければならない層と，安定して雇用された職に学卒後すぐに就く層の間にいる「中途半端な層」が十分に検討されてこなかったと指摘している（Roberts 2011）。イギリスの場合，義務教育終了後に離学してニートや失業を繰り返す層と，高等教育に進学して正規雇用の職に就く層との間に，義務教育終了後に離学して不安定ながらも定職に就く層がおり，その層の青年期のあり方はほとんど注目されてこなかった。日本では，高校卒業後もなんらかの形で進学を果たす層が年々拡大しており，単純に学歴と職歴で中間層を措定することはできないが，従来の研究がエリート（標準的キャリアパターン）と不安定層という二分法で若者を

表 2-1

			1985	1986	1987	1988	1989	1990	1991	1992	1993	1994	1995	1996	1997	1998
			中曽根康弘			竹下登			宇野宗佑 海部俊樹	宮澤喜一	細川護熙	羽田孜 村山富市		橋本龍太郎		小渕
出来事	社会		関越自動車道全線開通 NTT・JT発足	チェルノブイリ原発事故 男女雇用機会均等法施行 中野富士見中学いじめ自殺事件	国鉄分割民営化・JR発足 エイズ問題深刻化	青函トンネル・瀬戸大橋開通 東京ドーム開場	天安門事件 消費税導入（3％）	ベルリンの壁崩壊・東西冷戦終結 株価3万円	女子高生校門圧死事件 湾岸戦争 株価暴落	山形新幹線開業 PKO協力法・国際緊急援助隊派遣法改正 ソ連邦解体	北海道南西沖地震 雲仙普賢岳大火砕流 就職「超氷河期」突入	松本サリン事件 円高によるコメ不足 55年体制崩壊	地下鉄サリン事件 阪神・淡路大震災 ウインドウズ95	薬害エイズ訴訟和解成立 神戸連続児童殺傷事件	山一證券破綻 消費税5％	「京都議定書」署名
	教育・子どもの遊び		スーパーマリオブラザーズ つくば万博	ファミコン		ドラゴンクエスト3	平成に改元	ゲームボーイ		スーパーファミコン 大学入試センター試験初実施	学校週五日制（第二・四土曜が休業日） Jリーグ開幕	大学・短大志願者のピーク	学校週五日制（第二・第四土曜日が休業日） 子どもの権利条約批准 プレイステーション ポケベルブーム	携帯電話の普及率2桁% ルーズソックスブーム	ポケットモンスター たまごっちブーム	ドリームキャスト・iMAC 長野オリンピック
JELS	Xエリア		出生	1	2	3	4	5	6	7 小学校	8	9	10	11	12	13
	Yエリア			出生	1	2	3	4	5	6	7 小学校	8	9	10	11	12
学習指導要領	小学校		1977年告示学習指導要領									1989年告示学習指導要領「新しい学力観と個性尊重」低学年に生活科導入				
	中学校		1977年告示学習指導要領									1989年告示学習指導要領「新しい学力観と個性尊重」選択教科の履修幅の拡大				
	高校		1977年告示学習指導要領										1989年告示「新しい学力観」社会化を「地理歴史」選択教科の履			
新規高等学校卒業（予定者）※年度 就職（内定）状況			96.8	96.0	97.0	97.7	98.2	98.3	97.9	96.9	95.2	93.9	93.4	93.8	92.9	89.9
高校卒業者に占める就職者の割合			44.6	42.2	42.5	42.8	42.7	42.9	43.1	42.9	41.5	41.0	41.1	39.5	36.6	35.9
非正規割合	15-24歳（在学中を除く）															
	25-34歳															
高等教育機関への入学状況	高等教育全体		51.7	48.7	51.0	52.5	52.8	53.7	55.6	57.2	59.6	62.4	64.7	66.2	67.4	68.3
	四大・短大計		37.6	34.7	36.1	36.7	36.3	36.3	37.7	38.9	40.9	43.3	45.2	46.2	47.3	48.2
	四大		26.5	23.6	24.7	25.1	24.7	24.6	25.5	26.4	28.0	30.1	32.1	33.4	34.9	36.4
	専修学校		13.5	13.4	13.4	14.3	15.3	16.0	16.9	17.3	17.8	18.2	18.5	19.4	19.5	19.4
若年者の雇用関連本				新堀通也「殺し文句」の研究—日本の教育風土 理想社		トマス・ローレン（友田泰正訳）「日本の高校—成功と代償」サイマル出版会			中谷彰宏「面接の達人」ダイヤモンド社	麻生誠「日本の学歴エリート」出版社		竹内洋「日本のメリトクラシー 構造と心性」東京大学出版会 苅谷剛彦「大衆教育社会のゆくえ—学歴主義と平等神話の戦後史」中央公論社			

| | 1985 | 1986 | 1987 | 1988 | 1989 | 1990 | 1991 | 1992 | 1993 | 1994 | 1995 | 1996 | 1997 | 1998 |

時代背景

年	1999	2000	2001	2002	2003	2004	2005	2006	2007	2008	2009	2010	2011	2012	2013	2014	2015
首相	恵三	森喜朗	小泉純一郎					安倍晋三	福田康夫	麻生太郎	鳩山由紀夫	菅直人	野田佳彦	安倍晋三			
主な出来事	改正労働基準法施行	九州・沖縄サミット／二千円札発行／西鉄高速バスジャック事件／池田小児童殺傷事件	9.11アメリカ同時多発テロ／JCO東海村臨界事故	北朝鮮拉致被害者5人帰国／ユーロ流通開始	個人情報保護関連5法成立／SARS流行／新潟県中越地震／有事法制関連7法成立／鳥インフルエンザ流行	郵政民営化法成立「京都議定書」発効	平成の大合併	郵政民営化法成立／日本郵便発足	JP日本郵便発足／改正男女雇用機会均等法施行／防衛省制度施行／秋葉原通り魔事件	労働者派遣法の緩和	事業仕分け／裁判員制度施行／政権交代	九州新幹線全線開業	東日本大震災・東電福島第一原発事故／東北新幹線全線開業	東京スカイツリー開業／自公政権奪還	特定秘密保護法成立	御嶽山噴火／消費税8%／アナと雪の女王・妖怪ウォッチブーム／4国内販売開始／STAP細胞論文問題／2020年東京オリンピック開催決定	北陸新幹線金沢延伸／イスラム国による日本人拘束・殺害
流行等	中高一貫教育制度化・公立中高一貫校の導入	AIBO	BSデジタル放送開始	地上波デジタル放送開始／「世界に一つだけの花」ヒット	日韓ワールドカップ完全学校週五日制実施／カメラ付き携帯電話が普及／東京ディズニーシー開園／USJ開園／ゲームボーイアドバンス	PISAショック／ニンテンドーDS・PSP	電車男・NANAムシキング／韓流ブーム	教育基本法改正・施行／任天堂Wii普及とミクシィ開始／ビリーズブートキャンプ	iPhone 3G日本初上陸／NHKスペシャル「ワーキングプア」	「全国学力・学習状況調査」開始／ブログ・Taspo導入ツイッター	映画『ブラック会社に勤めてるんだが、もう俺は限界かもしれない』	iPad	アナログ放送完全終了／LINEスマートフォン／フェイスブック			小型無人機ドローン	

	14	15	16	17	18 (高卒後)	19 (1)	20 (2)	21 (3)	22 (4)	23 (5)	24 (6)	25 (7)	26 (8)	27 (9)	28 (10)	29 (11)	30 (12)
	中学校		高校		wave1											インタビュー	

	13	14	15	16	17	18 (高卒後)	19 (1)	20 (2)	21 (3)	22 (4)	23 (5)	24 (6)	25 (7)	26 (8)	27 (9)	28 (10)	29 (11)
	中学校			高校		wave1										インタビュー	

1998年告示学習指導要領「生きる力育成とゆとりの確保」
授業時数の大幅削減と教育内容の厳選
「総合的な学習の時間」の導入

2008年告示学習指導要領

1998年告示学習指導要領「生きる力育成とゆとりの確保」
授業時数の大幅削減と教育内容の厳選
「総合的な学習の時間」の導入

2008年告示学習指導要領

学習指導要領と個性尊重／科」「公民科」に分割／修幅の拡大

1999年告示学習指導要領
「生きる力育成とゆとりの確保」
授業時数の大幅削減と教育内容の厳選
「総合的な学習の時間」「情報」の導入

2008年告示学習指導要領

1999	2000	2001	2002	2003	2004	2005	2006	2007	2008	2009	2010	2011	2012	2013	2014	2015
88.2	89.2	86.3	86.7	89.0	91.2	92.8	93.9	94.7	93.2	91.6	93.2	94.8	95.8	96.6	97.5	97.7
35.6	35.2	34.4	33.1	30.5	27.7	25.6	24.3	23.5	22.7	20.2	18.6	18.4	17.1	16.6	16.9	17.4
	*23.0	*26.6	29.7	32.1	33.3	34.2	33.1	31.2	32.0	30.0	30.4 25.9	<26.4>	26.5	27.4	28.0	27.3
69.8	70.5	70.1	71.1	72.9	74.5	76.2	75.9	76.3	76.8	77.6	79.7	79.5	79.3	77.9	80.0	79.8
49.1	49.1	48.6	48.6	49.0	51.5	52.3	53.7	55.3	56.2	56.2	56.8	56.7	56.2	55.1	56.7	56.5
38.2	39.7	39.9	40.5	41.3	42.4	44.2	45.5	47.2	49.1	50.2	50.8	49.9	51.5	51.5	51.5	
20.8	20.8	21.4	21.5	23.1	21.8	22.7	21.7	21.7	22.0	20.4	22.0	21.9	22.2	21.9	22.4	22.4

把握してきた点はイギリスと共通している。

たとえば中西新太郎・高山智樹編（2009）は，標準的なキャリアを歩む若者と対比させるかたちで，「なんとかやってゆく世界」を暮らす若者をノンエリートと呼んでいる。従来の規範的なものの見方／「所与性のドグマ」（中西・高山 2009: 5）に陥ることを避けようとした意図は評価できるが，結果としてエリートとノンエリートとを二分して捉えており，その間の連続性や多様性をうまく記述することができていない。いわゆる標準的なキャリアを歩む人びとと，地元の友人と密なネットワークを形成し，離転職を繰り返しながら「なんとかやってゆく世界」との間には，実際にはかなりのグラデーションがあると考えるのが妥当だろう。青年期から成人期への移行を総体的に把握するために，このグラデーションを丁寧に把握することが必要である。

(2) 就職と結婚

若者がどのように青年期を過ごし，成人期への移行を果たしているのかという観点から考えたとき，青年期から成人期への移行について，エリクソン（Erikson. H. E.）があげていた仕事と愛情（就職と結婚）というライフイベントが，もはやその役割を果たしていないというアーネット（Arnett, J. J.）の指摘は重要である（Arnett 2000）。エリクソンは成人期への移行として仕事と愛情（就職と結婚）というライフイベントに着目していたが（Erikson 1968），その後の社会状況の変化と学術的な研究の進展により，これらのライフイベントが実際には労働政策の影響下にあるため，個人の発達課題として把握することには問題があるという認識が形成されている。この認識は，成人期への移行の失敗を本人の自己責任としないという考え方としては理解が広まっているが，分析のなかには今のところ，うまく組み入れられていないようにみえる。

たとえば乾彰夫編（2013）は，高卒5年後までの継続的インタビュー調査の対象者について，雇用状態と転職経験に基づいて，①安定類型（最終学歴の学校卒業直後に正規雇用者となり，現在まで状態変更のない者），②準安定類型（最終学歴の学校を離れるときには新規学卒正規雇用就職という枠から外れていたものの，その後，比較的安定した状態にたどりついていると思われる者），③不安定類型（現在在学しておらず，正規雇用ではない者，または現在は正規雇用でも調査の

半年前にそれとは異なった状態にあった者，または最終学歴の学校を離れてから状態変更が2回以上あった者）の3つに分けている。分析において正規雇用への定着（就職）が，依然として重視されていることがわかる。

また，中西・高山編（2009）においても，乾編（2013）においても，結婚という要素は依然としてアイデンティティやキャリア形成上の転換点や目標として分析されている[2]。しかし，今日の日本社会においては，結婚しない／できない層は少なくない。国立社会保障・人口問題研究所（2018）によれば2015年度の生涯未婚率は男性23.37％，女性14.06％である。また，18 ～ 34 歳の未婚者のうち，「とくに異性との交際を望んでいない」割合は，男性30.2％，女性25.9％である（国立社会保障・人口問題研究所 2017）。こういった現実に鑑みれば，結婚を重要な目標や要因としない青年期から成人期への移行の様相をとらえる枠組みが，今日の日本の後期青年期のありようを考えるうえで必要といえる[3]。

3. 分析に用いるデータ

以上を踏まえると，①正規雇用への定着や結婚（願望）によって対象を分類するのではない方法で，②標準的キャリアでも，「なんとかやってゆく世界」のキャリアでもない，その間にいる若者を対象とし，③彼らの青年期から成人期への移行の様相を，リアリティに沿って丁寧に質的に明らかにしていく手法を採用することとなる。そこで本章では，2014年から2015年にかけて実施された「青少年期から成人期への移行についての追跡的研究」（Japan Education Longitudinal Study: 以下，JELS[4]）のインタビューデータを用いる。インタビューは2003/2004 年に行われたJELS のwave1 に高校3 年生（18 歳）で協力し，高校卒業後10 年がたった28 歳前後の若者54 人に対して行われた。表2-1 に示したとおり，対象者は，高校卒業者の高等教育への進学率が7 割を超えた一方で，15 ～ 24 歳の非正規雇用割合が3 割を超えたころに高校を卒業した者たちである。このころ，高卒無業者やフリーターが社会の注目を集めるようになり，村上龍の『13 歳のハローワーク』（幻冬舎）がベストセラーになっていた。

本章では正規雇用への定着や結婚（願望）によって対象を分類する代わりに，

高校学校階層から彼らのキャリアをある程度予測して対象を限定することにした。具体的には，以下の条件で分析対象者を限定した。JELSでは，中学校の成績の自己認知をもとに，調査対象高校を上位校，中位校，下位校，専門学科の高校に区分している。このうち，当時，高等教育への進学者が半数程度存在していた上位校，普通科中位校[5]をスムーズな移行が相対的に可能な層と判断して対象外とし，専門学科の高校と普通科下位校の卒業生に限定した。さらに，就職斡旋の機能が高く，当時無業者率が低かった工業高校の卒業者も対象から除いた。2000年前後の高卒無業者研究では，無業者を多く輩出するとされていたのは専門学科の高校，普通科下位校であり，したがって，対象者は不安定なキャリアを歩んでいる可能性が高いと予想される。

性別によるキャリアへの影響を統制するために対象者を男性に限定し，調査対象地域が異なる1名を除いたXエリアの5名が今回の分析対象である。Xエリアは関東地方に所在し，商業，工業，農業が発達した人口約25万人の中都市である。大都市圏のベッドタウンとして発展しており，2003年から2018年現在にかけて，人口の大きな増減はない。本文中では対象者はすべて仮名で表記し，個人を特定できる学校名，地名等は伏せて用いる。

4. 結果

対象者5人の略歴を表2-2に示した。「最終学歴」の内訳をみれば，3人が大学院（中退も含む），1人が専門学校，1人が高校であり，専門学科の高校，普通科下位校という学校ランクから予想されるよりも高学歴といってよいだろう[6]。「現在の職業」をみると，先行研究において，「滞留する時間の中で奮闘する者たち」，「なんとかやってゆく世界」として描かれる不安定な就労形態で働く者は中村さん1人だけで，あとの4人は正規雇用の職に就いている。このように「最終学歴」と「現在の職業」だけに注目すると，中村さんと中村さん以外の4人とでは，最終学歴や雇用形態に明確な差があり，二分法的な見方をしてきた先行研究の知見と大きな齟齬はない。

ところが，現在にいたるまでの教育歴や職歴を示したキャリアの欄をみると，彼らのなかには，高校や専門学校に間断なく進学し，学校卒業後ただちに労働

表 2-2　対象者略歴

仮名	高校	最終学歴	キャリア	現在の職業	未既婚
中村	専門学科	高校	中学→アルバイト→（学校）*→高校→アルバイト	アルバイト	未婚
後藤	専門学科	専門学校	高校→アルバイト→専門学校→私立幼稚園→公務員	正規雇用・保育系	未婚
山本	普通科下位	大学院修士課程中退	高校→4年制大学→大学院中退→企業	正規雇用・保育系	未婚
金子	専門学科	大学院修士課程修了	高校→4年制大学（推薦）→大学院（修士）→企業（紹介）	正規雇用・会社員	未婚
和田	専門学科	大学院修士課程修了	高校→4年制大学（推薦）→大学院（修士）（推薦）→企業	正規雇用・会社員	既婚

＊本人が「学校」と言っているが，学校なのか職業訓練校なのか，確認できなかった．

市場に参入するという直線的な移行ではなく，yoyo-transitions と表現されるような，職場（アルバイトを含む）と学校を行き来しながら現在に至っている者がいることがわかる[7]。彼らのキャリアの特徴は次の3点にまとめられる。

(1) 学校に吸収される青年期

　乾（2010）は，行動経済成長期に家族・学校・企業の密な関係のなかに築かれた「戦後日本型青年期」の特徴を，青年期が学校に吸収されている点にあると指摘し，その結果，一元的な競争に基づく序列化の浸透が，若者に対して強烈に行われるようになったと述べている。表2-1からは今日もなお，高等教育等機関への進学率が上昇し続けていることがわかり，「平成30年度（2018年度）学校基本調査（速報値）」ではその値は81.5％にもなっている。青年期の学校への吸収はますます進んでいるといえる。

　時間を守ったり，教員の権威的な態度に従ったりすることが苦手で，勉強にまったく興味がなく，「さぼり癖」があった中村さんは，中学校卒業後は1年間アルバイトをし，その後，半年という短期間でグラフィックデザインを学ぶ「学校」に通った。中学校卒業後に高校に進学しなかったことで苦手な学校的空間からいったん離れたにもかかわらず，中村さんは再び「学校」に通い始め，高校進学を決めた。その理由について，「なんていうか，結局，その学校に行って，周りが社会人なんで，（中学の：筆者注）同級生の友達ともあんまり，な

んていうか，疎遠になってるわけじゃないですか。そんなに仲はよくなかった。なんていうか，まあ，普通に学生生活をしたいなという。(略) インターネットがちょっとはやってきて，外の情報が入ってくるようになったんで，なんか，普通の人はこういう生活してるんだって。ちょっと体験してみようかなと」と説明している。青年期のある時期を，学校のなかで学生として過ごすことが「普通」という感覚は，学校的な空間が苦手で，不登校傾向にあり，勉強に関心がなかった者に対しても，このように作用している。

(2) 競争に基づく一元的な競争からの距離

彼らの学校生活から現在までの様子のなかで共通しているのは，青年期を学校という場で過ごすことが「普通」として受け入れられている一方で，学歴や学力をめぐる一元的な競争とは距離を置いているということである。「あまり大学に行くとかっていう考えがなくてですね，なんか，こう，大学に進むための勉強するよりは，実際に使えるスキルをつけて，そのあと専門かなんかに行って就職すればいいかなと思っていた」(和田さん)，「兄が，同じ高校だったんで。話聞いて面白そうだなみたいな感じで，そこでいいかっていう感じで。そのまま推薦でいっちゃいました」(金子さん)という語りからは，将来のために少しでも評価の高い高校に進学しようという考え方はうかがえない。

また，4年制大学や大学院への進学は推薦によることが多く，それについて金子さんは，「結局，いわゆる受験戦争も何も，1回もそういうテストは受けたことがなく生きてきましたね」と述べている。山本さんは大学や大学院に一般受験を経て入学しているが，出身大学は入学志願者の少ない大学だったから受験者全員合格だったのではないかと振り返っている。さらに，大学院入試についても，「英語が自分全然できないんですね。で，英語白紙で出したんで，選択問題だけ適当に埋めて」という状態だったのに，なぜか合格して，自分も周りも驚いたと述べている。

先行研究が「なんとかやってゆく世界」に対置する存在として思い描いたのが，心性として一元的な序列に基づく競争を受け入れ，できるだけいい学校に入り，いい会社に入ることを目標としている層であるなら，本章で把握されたのは明らかにそれとは異なる層である。彼らの競争とは距離をとった態度と，

そういった態度にもかかわらず専門学科の高校や普通科下位校出身の彼らが大学院まで進学することを可能にしたのは，高等教育機会の拡大と18歳人口減少，大学入試の多様化による大学および大学院入試の易化であろう。今日の青年期は，学校のなかにますます取り込まれていく傾向は強めながらも，競争やそれに基づく序列化の圧力とは距離をとるようなあり方が，一部で広まっていると考えられる。

(3) 女性向きとされた職への定着

対象者中4人の正規雇用労働者のうち，後藤さんと山本さんの2人が保育士の資格を持ち，その資格をいかして働いていることは注目に値する。彼らの正規雇用への定着が，従来，女性向きとされてきた職への参入によって達成されているからである。ロバーツは，従来女性の仕事とされてきた小売業で，昇給や昇進の見込みもなく働く男性低学歴労働者の男性性規範との葛藤に注目しているが（Roberts 2011），日本ではまだこういった観点の分析は少ない[8]。

本章ではこの観点に基づき，彼らの正規雇用への定着先が，標準的とされるキャリアが暗黙の前提とする"男性向けの職"ではないことについて，彼らがどのように説明するのかを探したが，それに該当するようなやりとりを見つけることはできなかった。山本さんは保育の専攻に進もうとしたことについて，「なんか，こんなのがいいんじゃない？みたいな，あの，一族で一番年上だったんで，下の子みるの慣れてるから，うん」と，自分の性別には言及することなく理由を説明している。また，学校のなかの雰囲気についても，「世の中，保育園とか幼稚園とか？　女性のほうが多いっていわれてるんですけど，クラスでいえば，うん，もう今そんな気はしないのかなっていうのが，すごいありました」と語っている。後藤さんも専門学校の勉強内容について，「あ，向いてないなとは思いましたけど，楽しかったです」と答えているし，今の仕事についても「もうほんとに，うん，こんな世界があるのかっていうぐらい楽しいです」と述べている[9]。

ロバーツの研究では男性性規範に抵触する仕事として，女性向きの仕事かそうでないかと，昇給や昇進の見込みというキャリアの見通しの2点をあげている。保育士の労働条件や勤務実態の過酷さは近年指摘されているとおりであり，

正規雇用であるという以外，"男性向けの職"に適合的であるとはいいがたい。しかし，職やキャリアについて彼らが違和感を持っているというやりとりはインタビュー中には見当たらなく，この点については，男性性規範と業績主義的な競争との関係，②で指摘した彼らの競争からの距離という視点から，今後，検討を深めるべき課題である[10]。

5. 分析と考察

　青年期から成人期へのスムーズな移行が当たり前ではない時代を現在の若者はどう生きているのかという当初の問いに立ち戻ってみよう。かつて，無業者を多く輩出すると予想された高校の卒業後10年を見てみれば，量的には学校教育に取り込まれていきながらも，競争やそれに基づく序列化の圧力が弱まった部分をうまく利用し，かつ従来は女性向きとされたような職に参入することで，青年期から成人期へと移行していく姿が見て取れた。その点で，彼らは先行研究で描かれたような，「滞留する時間の中で奮闘する者たち」，「なんとかやってゆく世界」とは少し違う移行の様相を示しており，生きるために不安定雇用を定職としなければならない層と，安定して雇用された職に学卒後すぐに就く層の間をみたいという本章の目的はある程度達成されたといえる。
　また，「戦後日本型青年期」とよばれる従来のあり方からみたリスクとしてではなく，社会の変化を利用しながら主体的に自らのキャリアを構築する過程として彼らのキャリアを捉えることによって，若者の青年期から成人期への移行に関する新しい傾向をうかがうことができた。それは，親密な友人ネットワークや重要な他者との関係性である。今回，分析対象となった彼らは，ほぼ，「人間関係の「戦場」を共同で切り抜ける友人，「同志」としての「親密な他者」」（いずれも中西・高山編 2009: 18）と表現されるような仲間集団を持っていなかった[11]。ただ1人，山本さんは，新谷周平（2002）が描き出した。「地元つながり文化」（新谷 2002）とよく似た仲間集団を持っている点で例外的な存在といえる。
　地元つながり文化は，「地元」で生きていくことと密接に関わり，場所の共有，時間感覚，金銭感覚の共有によって成り立つ文化とされる。山本さんは大

学入学後に一人暮らしを開始したが，すぐに「俺んちが，もう毎日，なんか集まり場所みたいになってたんですね。だから，もう，家の鍵もかけずに毎日出てって，俺が帰ったら，もう友達何人かが既に飲んでるみたいな。」という状況になった。「（アルバイト先で：筆者注）お客さん全然来ないから，友達集まって話したり，ゲームしたりっていう。で，みんなで眠い目をこすりながら，朝飯食って，で，近くの，スーパー銭湯みたいなとこに行ってから，学校に行くみたいな生活でした」，「（自宅の掃除や洗濯，料理などの家事は）友達が一切，全部やってました」という状況は，新谷が描いた仲間集団と共通点が多いように見える。

　山本さんの形成した仲間集団との関係性は，彼がフリーターではなく高学歴の正規雇用労働者であり，中学や高校のあった地元を離れて生活をしている点で，新谷のいう意味での「地元つながり文化」にはあてはまらない。しかし，彼の学歴獲得方法や参入した職は，従来標準的とされてきたものとは異なっており，将来についても，「まあ，そうですね，その友達の仕事がちょっと，もうちょっと軌道に乗れば，そっちで，みんなでやっていくかなとは思ってますけど，それまでは今の仕事だろうなっていう感じですね」というように，友人との関係で流動的に描かれている。

　ここから示唆されるのは，かつて，「地元」を大事にする青年たち特有の「地元つながり文化」とされたあり方は，「地元」を共有する若者に限って典型的に表れるのではなく，「戦後日本型青年期」が崩壊した今日，それまでとはちがう成人期への移行を模索する若者たちにとって，移行過程を主体的に過ごすための１つの方略として共通してみられる特徴となってきているのではないだろうか，ということである。近年，大学在学中に友人と起業し，ある程度成功したその会社を売却し，新しい人脈をいかして別の会社を立ち上げる，などというキャリアは，実際にそのようなキャリアを選択しないとしても，若者にある程度認知され始めている。仲間集団を通じた，それまでとは違う成人期への移行やキャリアの形成がいったいどういう性質の事象なのかは，さらに事例を追加した今後の検討が必要である。

註

1) 文部科学省『学校基本調査』各年度版，同省『高等学校卒業（予定）者の就職（内定）状況に関する調査』各年度版（3月末時点の値），同省『文部科学統計要覧』（平成30年版），総務省統計局『労働力調査 長期時系列データ』，『山川詳説日本史図録（第7版）』山川出版社，2016年，『第5回学習基本調査報告書』ベネッセ教育総合研究所，2016年，等を参考に著者が作成した。

2) たとえば，妊娠と結婚をきっかけに夢をあきらめて定職に就くことや，不安定雇用の女性が専業主婦になることを目標として語ることは，若者の青年期から成人期への移行を質的に明らかにしようとした研究において，ある種の定型化した物語となっている。

3) このことは，従来の青年期から成人期への移行研究が前提にしてきた異性愛主義を打ち破ることになり，性的少数者の移行を明らかにするなど，後期青年期研究の深化を示唆するものでもある。

4) JELSは，学齢期から青年にかけての諸発達態様（学力・能力，アスピレーション，進路，職業，地位達成）や，学校から職業への移行過程を，現代日本の社会経済的文脈に位置づけ，家庭的背景や学校教育的背景との関連において理解することを目的とした縦断的調査研究である。これまで2003/2004年（wave 1），2006/2007年（wave 2），2009/2010年（wave 3）の3回にわたり，大規模なアンケート調査を実施した。関東地方Xエリアでは，市内全域から約半数の小中学校を無作為に抽出（高校はすべての公立校を抽出）した上で，各学校の該当学年の生徒を全員対象とした。東北地方Yエリアは，人口11万人強の小都市で，市内すべての公立小中高等学校を対象とし，各学校の該当学年の生徒を全員対象とした。加えて，卒業後の状況や就学前の状況を把握するために，フォローアップ調査（2012），インタビュー調査（2014/2015），保護者調査（2016/2017）を行っている。なお，本章は科学研究費補助金基盤研究（B）24330233「青少年期から成人期への移行についての追跡的研究（第4次）──就業と家族形成」（2012～14年度，研究代表：耳塚寛明）の成果の一部である。

5) 2018年時点で学校名をいれて入試情報を検索すると，wave 1で普通科中位校と区分された学校は偏差値が50を上回っているが，本稿で対象とした普通科下位校，専門学科の高校は偏差値40～45程度である。受験産業が参考として提示している偏差値であり，厳密な指標とはいえないが，分析を理解する一助となろう。

6) 相対的に高学歴で安定したキャリアをたどる人のみがインタビューに応じた可能性はある。

7) 乾編（2013）のように，最終学歴を起点としたキャリアの分類を行った場合，現在の若者の青年期から成人期への移行のなかで，学校教育が果たしてい

る役割を十分に捉えることができない.
8) 乾編（2013）では，男性のジェンダー形成について，男性稼ぎ手規範（と結婚）との関係から考察がなされている．しかし，配偶者との関係性の中で男性が男性性に磨きをかけながら青年期から成人期への移行を果たしていくという捉え方は，異性愛とそれに基づく結婚を自明視しており，本文中でも述べたように限界がある．また，「標準的キャリア」や，学校教育が要求する「業績主義的な達成」のもつ男性性規範との親和性を明らかにできないという点でも限界がある．
9) もっとも，従来，女性向けとされた職への定着が，彼らの男性性を脅かしていないようにみえることは，彼らが伝統的な性役割分業意識を持っていないということを意味するものではない．
10) 同時に，女性の職場への進出によって，男性が以前よりもよくない条件の職に就くようになったという労働市場における女性化（feminization）の別の側面として，もともと条件のよくない労働市場にいた女性が，新たに参入した男性によって職を奪われるという事態も容易に想定でき，この点も，今後の検討課題である．
11) 後藤さんは，今，よく会う友だちは誰かと聞かれて高校時代の友だちと答えつつも，「こないだ初めてお酒を飲んだぐらい」と言っている．専門学校時代の友だちは一人もいない．金子さんは，小学生のときから友だちは多くないと繰り返し語り，今も友だちとはパソコンの戦略ゲームなどで遊ぶくらいだと述べている．和田さんも友だちといえば中学，高校のつながりが多いが，会う機会がなかなかないという．

参考文献
新谷周平，2002，「ストリートダンスからフリーターへ——進路選択のプロセスと下位文化の影響力」『教育社会学研究』第71集，pp. 151-169.
乾彰夫，2010，『〈学校から仕事へ〉の変容と若者たち——個人化・アイデンティティ・コミュニティ』青木書店．
乾彰夫編，2013，『高卒5年 どう生き，これからどう生きるのか——若者たちが〈大人になる〉とは』大月書店．
国立社会保障・人口問題研究所，2017，『第15回出生動向基本調査（独身者ならびに夫婦調査）報告書』国立社会保障・人口問題研究所．
国立社会保障・人口問題研究所，2018，『人口統計資料集2018年版』国立社会保障・人口問題研究所．
中西新太郎・高山智樹編，2009，『ノンエリート青年の社会空間——働くこと，生きること，「大人になる」ということ』大月書店．
Arnett, J. J., 2000, "Emerging Adulthood: A Theory of Development From the Late Teens Through the Twenties," *American Psychologist*, 55(5), pp.

469-480.

Erikson, H. E., 1968, *Identity: Youth and Crisis*, W. W. Norton & Co., Inc.（岩瀬庸理訳，1970,『アイデンティティ――青年と危機』金沢文庫）.

Roberts, S., 2011, "Beyond 'NEET' and 'Tidy' Pathways: Considering the 'Missing Middle' of Youth Transition Studies," *Journal of Youth Studies*, 14, 1, pp. 21-39.

第 3 章

都市と地方の若者の自立観と依存
—JELS インタビュー調査から—

中島　ゆり

1. はじめに

　本章では，都市と地方の若者の自立観を探究し，そこからいまの若者をめぐる現代的な状況について考察する。

　自立とは何か。宮本みち子 (2004) は「青年期，ポスト青年期を経て成人 (一人前) に達するまでの間に，子どもにとっては『親への依存』から『親からの自立』の転換が行われる」(宮本 2004: 14) と依存から自立への道筋を示す。これに対し，田中慶子 (2010) は 20 代の親子関係は互いに家事や金銭的援助をし合うことで情緒的な親密性が維持されているという実証研究を踏まえ，「精神的・心理的な側面からは，20 代で親子関係が依存から自立へと転換すると捉えるのではなく，むしろ一方的な依存から親子相互に依存的な関係への転換こそが自立であるとも捉えられる」(田中 2010: 67) と述べ，相互の依存関係を自立の 1 つの形として捉えている。

　自立の諸側面には，身辺自立，経済的自立，精神的自立，社会的自立 (深谷 2000) や生活面での自立，精神面における自立，経済面における自立 (郭 2002) がある。また，時代，性別，年齢，地域によっても自立観が異なると指摘されている (福島 1997; 岩上 2010; 田中 2010)。これらの先行研究を踏まえると，これをすれば自立であるという絶対的な行為やイベントは存在せず，時代，性別，年齢，地域を背景にそれぞれが自らの自立観を持ち，その規範を省みつ

つ人生を歩んでいっているものと予想される。

本章では，都市と地方に住む20代後半の男女の若者の自立観と実際のキャリアについてのインタビューをもとに，彼らがどのような価値観のもとで，どのような生き方をしているのかについて探究していく。

2. JELS インタビューの概要

本章は，2002年度より継続的に実施している「青少年期から成人期への移行についての追跡的研究」(Japan Education Longitudinal Study: 以下，JELS)[1]の一環として，関東地方および東北地方のあるエリアにおいてそれぞれ2003/2004年に行った高校3年生対象質問紙調査と，このときの調査対象者が満27～29歳になった2014年に実施した半構造化インタビューをもとにしている[2]。インタビューには関東地方28人（男性16人，女性12人），東北地方27人（男性10人，女性17人）の計55人に協力してもらい，彼らの具体的な進路選択過程，自立観，社会問題に対する考え方を尋ねた。自立観については「自立とはどのような状態だと思うか」と「いま自立していると思うか」について自由に話してもらった。

関東の対象エリアは首都圏に位置し，郊外ではあるが日常的に電車で都内に行くことも可能な場所である。他方，東北の対象エリアはその県の県庁所在地からも離れたところにあり日常的に通うことはできない。また，東北最大の都市である仙台へは車で3時間を要する。そして，大学や専門学校が数少ないため，進学を希望する若者の多くが高校卒業後にそのエリアを離れる。

インタビュー協力者の学歴構成は表3-1の通り，両地域ともに大卒が多く，とくに関東では大学院卒が多いという偏りがある。

インタビュー協力者が離家した時期を地域別に比べると，東北の対象エリアではインタビュー協力者27人のうち24人が進学時に親元を離れていた。それに対し，関東の対象エリアの出身者で進学時に家を離れた者は7名であり，インタビュー時の27～29歳時に離家経験のない者も9名いた。

表 3-1　インタビュー協力者の学歴構成

	関東	東北
大学院	8(※1)	2
大学	12	18(※2)
短大	2	3
専門学校	4	3(※3)
高卒	2	1
合計	28	27

※1 うち1人は中退，1人はロースクール．
※2 うち1人は中退．
※3 うち1人は海外の専門学校．

表 3-2　インタビュー協力者の離家の時期

	関東	東北
進学時	7	24
就職時	5	1
就職数年後	6	1
結婚	1	0
離家していない	9	1
合計	28	27

3. 高3時の自立についての年齢規範

　20代後半の若者の自立観について見る前に，彼らの高校3年時の自立観を確認したい．JELSでは高3時の質問紙調査で親からの経済的自立をするべきと思う年齢と，東北ではそれに加えて親から独立して家を出るべき年齢を聞いている．表3-3を見ると，高3時の経済的自立の年齢規範は最終学歴希望と関連していることがわかる．両地域ともに最終学歴を「高校まで」と考えている者ではおよそ3割が「18歳くらい」，つまり高校卒業時に経済的自立をすべきと回答したが，大学・大学院への進学を考えている者では「22〜23歳」の割合が5割と最も高くなっている．つまり，いずれの学歴希望でも就職時，あるいは就職数年後に経済的自立をすべきと考える者が多いということである．関東と東北で異なるのは大学・大学院進学希望者の年齢規範で，関東では「20歳くらい」が東北よりも10％ポイントほど高く，「25歳」が10％ポイント以上低かった．つまり関東では大学在学中に経済的自立をすべきと考える者の割合が東北よりも高いということである．これは地域で経済的自立についての考え方が異なる可能性があることを示唆している．

　つぎに表3-4で親から独立して家を出るべき年齢を確認すると，いずれの学歴希望者でも高校卒業時（18歳くらい）が最も高いが，「大学・大学院」希望者で40.7％，「短大・専門学校」で36.9％，「高校まで」で33.0％と差があり，東北の対象エリアからは通うことがより難しい進学先を希望している場合によ

表3-3 高3時の最終学歴希望別 経済的自立をすべき年齢

(%)

		N	18歳くらい/高校卒業	20歳くらい/成人式	22-23歳	25歳	30歳	35歳	必ずしも自立する必要はない	無回答
関東	高校まで	272	29.4	49.6	13.6	4.0	0.4	0.7	2.2	0.0
	短大・専門	436	10.1	45.2	35.1	8.0	0.0	0.5	0.7	0.5
	大学・大学院	503	9.7	24.1	47.9	15.9	0.6	0.0	1.4	0.4
東北	高校まで	288	28.5	49.3	15.6	5.6	0.3	0.0	0.0	0.7
	短大・専門	314	12.4	41.4	33.4	11.5	0.6	0.0	0.0	0.6
	大学・大学院	487	5.7	15.2	50.5	27.3	0.4	0.0	0.6	0.2

(JELS2003)

表3-4 高3時の最終学歴希望別 親から独立して家を出るべき年齢(東北)

(%)

	N	18歳くらい/高校卒業	20歳くらい/成人式	22-23歳	25歳	30歳	35歳	必ずしも自立する必要はない	無回答
高校まで	288	33.0	27.8	18.1	12.5	3.8	0.3	3.5	1.0
短大・専門	314	36.9	18.8	21.7	14.3	2.2	1.6	2.9	1.6
大学・大学院	487	40.7	8.8	21.4	16.6	4.3	1.8	6.0	0.4

(JELS2003)

り若い時期での離家規範が強くなっていた。

　以上のことから，高3時の自立観は進路展望に関連していること，経済的自立についての考え方には地域による違いがある可能性があることがわかった。これを踏まえ，彼らが27～29歳になった時点で，どのような自立観を持っているかを見ていくことにする。

4. 20代後半の自立観

　27～29歳の若者は，どのような自立観を持っているだろうか。インタビューでは，質問紙調査で尋ねた経済的自立と離家の規範でなく，彼らにとって自立とは何か，そして，自立できていると思うか，を自由に語ってもらった。

(1) 経済面・生活面での自立とあえての依存

　多くの者が自立を経済面で捉えていた。たとえば，加藤さん（東北，女性，大卒）[3]は高校卒業後，仙台の専門学校へ行き，その後，東京の大学に編入，そのまま東京で働いている。彼女は自立を「もうすべて，親から援助とかなく，自分でやっていくことですかね」と述べた。彼女のように自立を経済面で捉えている者は多く，生活面での自立とともに語られることも多かった。たとえば，前田さん（関東，女性，大卒）は，「自分で，こう，生計を立ててく。親に頼らず。自分で生活を回していける状態ですね。家事とかも，そうですし」と定義した。より広く，仕事を含めた生活全般をうまくまわすことを自立と捉えている者もいた。坂本さん（関東，男性，大卒）は大学卒業後，地元の県で働き，結婚して子どもがいる。「ちゃんと仕事に行って，で，結果を出して，で，家に帰ったらちゃんと家事やって。それ，やっぱり日頃のサイクルをちゃんと回すっていうのが，一番まず大事ですよね」。彼はこのサイクルを回すことでいい仕事もできると考えている。「仕事が忙しくなると，そういうバランスが崩れてきちゃって。で，バランス崩れてくると，どんどんどんどん，こう，いいアイディアも浮かばずってなってっちゃう」。しかし，坂本さんはいま，子育ての面で親に頼っているため，あまり自立できていないと感じていた。

　坂本さんのように，親に経済面あるいは生活面で頼ることは自立できていない状態と認識されていた。鈴木さん（関東，女性，大卒）は結婚し出産して子育てのため仕事を辞め，現在は地元が同じ夫とその両親・妹と一緒に住み，家事を担当している。仕事をしたいと思っているが待機児童が多く，保育園に預けられないという状況である。現在，家を建てているところであるが，義理の親に世話になっているという理由で鈴木さんは自立できていないと感じている。「まだ旦那さんの実家のほうにお世話になってるというか。だから何か，まだかな。家が建ったら（自立できる）」。同様に，地元を離れ，仙台で働き，結婚している太田さん（東北，男性，専門学校卒）も親に車を買ってもらったり，実家に帰ったときに食料をもらったり買ったりしてもらっていると言い，「わりとなんか，やっぱり子ども的な感じは抜けないですね」と自分が自立していないと述べた。藤井さん（関東，男性，院卒）は，地元県内の大学と大学院を卒業後，正社員として働いているが，実家に住んでいる。「自立はしているけれ

ども，生活面でサポートしてもらっているので，（自立は）半分くらい」と言う。しかし「まあ結果的に，やっぱり一緒に暮らしたほうが，いろいろ合理的かなと思って」と述べ，「合理的」な選択として親からのサポートを受けていると説明した。藤井さんの事例はいわゆる「パラサイトシングル」として定義できる。彼を含め，以上の者たちもまた，親に何かしら依存していることで自立していないとは言いつつ，それを強く問題視しているようすではなかった。

　似通った状況のなかで，周りからの支援を得るということを自立の1つの形として定義する者もいた。木村さん（東北，女性，大卒）は「親の支援を受けずに，自分で稼ぎ，生活をしていけることっていうのが自立だと思います」と述べる一方，周囲の協力を得られるようになることを自立することだと捉えていた。彼女は北陸の大学に進学し，東京で就職した。

　　自分1人でも生きていけるっちゃいけるんですけど，周りの協力とか，仕事とかでもそうだし，まあ，自分が家に帰って生活する時もそうですけど，周囲の協力をうまく得れるようになることも自立の1つなんじゃないかなと思います。自分1人で仕事なんてできないですし。本当にもう周りの人のいろんな環境とかがあってできることなので，そういった周囲のこう，協力もうまく得れるっていうのもあると思います。（木村）

　このように多くの者はいまは自立できていないと感じていたとしても，自立はすべきものという規範を一応は支持していた。しかし，自立を経済面，生活面のものとして捉えつつ，その必要性を明確に否定する者もいた。中村さん（関東，男性，高卒）は中学卒業後，1年間グラフィックデザインの学校へ行き，その後，高校に進学，高校時代は3年間「バンド漬け」になる。高校卒業後は新聞配達やコンビニのアルバイトで生活。現在は母親と2人暮らしである。彼は地元にいることを希望し，アルバイトも通勤15分以内で探す。彼は自立について，「一人暮らしをするとか，親と，親からお金をもらわないで，一人暮らしなり，まあ，結婚なりして，別に家を構える状態だと思います」と他の者と同じような自立観を持っていたが，「ただ，自分がそこを目指してないなっていうのはよくわかります」，「その状態がまだ本当に幸せかどうかわかってな

い」と述べた。同様に、松本さん（関東、女性、高卒）も自立を経済面のものとして捉えつつ、それを達成しようとはしていない。彼女は普通科高校を卒業後、進学を希望していたがどこの大学も受からず、高校時代からしていたレストランのアルバイトに魅力を感じて卒業後も続けた。5年後、親とともに近隣の市に引っ越し、アルバイトを辞める。そこで正規の事務職を得るも上司と「反りが合わなくなって」1年で辞める。その後、郵便局の事務職としてアルバイトを5年続けながら、ダンスのインストラクターをしている。彼女はずっと実家暮らしであり、自立しているとは「言えないですね」と言う。しかし、調査者の「ただ、無理に自立しようとも思わないって感じの？」という問いかけに「ありますね」と答えた。

彼らは2人とも関東出身で高校卒業後、アルバイトを続け、実家を離れたことがないという共通点があった。ちなみに、両者とも高3時の経済的自立の年齢規範についての質問では「自立する必要はない」を選んではおらず、他の者と同じような回答をしていた。それでは、彼らは自立できないことを自己正当化し、自立する必要はないと述べたのであろうか。米村千代（2010）は「若者は自立すべきだという規範が存在する一方で、社会制度は資源としての家族を前提として成り立っている。ここに『親との同居は選択の問題』とは言いきれない現実がある」（米村 2010: 103）と述べる。先に挙げた若者も親に何かしら依存しており、自立できていないとは述べつつ、それをとりわけ問題視しているようすはなかった。自立すべきという規範への同調を対外的に示すかどうかは別にして、経済面・生活面において親から完全に自立しなければならないという規範は弱まってきている可能性がある。そして、それは特に関東の経済的に不安定なフリーターの若者から顕著になってきているのかもしれない。

(2) 自立と離家

自立をかなえるために、実家を離れて暮らすという選択をとることがあるが、この選択は特に関東出身者で顕著であった。たとえば、和田さん（関東、男性、院卒）は商業科高校を卒業後、「もうちょっと遊んでいたい」と指定校推薦で大学に進学した。就職活動をしていくつかの会社から内定をもらっていたが、大学院進学を先生から勧められ、悩んだが進学を決める。大学院に進学したら

研究室に頻繁に行くことになるという予想と，「ちょっと親元離れて自由に暮らしたかったな」という思いもあり一人暮らしを始めた。その後，地元が同じ人と結婚し，地元で暮らしている。彼は自立を「1番は金銭的に他の人に頼らないでやっていけているというところが大きいのかなと思いますね」と述べつつ，自分が自立した時期を一人暮らしを始めた時期だと述べた。「金銭的なっていう意味では全然なんですけど，1つは，院に入って一人暮らしを始めたときが，1つあるかなと思いますね。で，ま，お金は頼っていたんですけど，家事とかは自分でできて，生活はできていたので，1つはそこかなと」。
　和田さんは親から経済的な援助は受けていても，実家を離れて暮らすことで自立をしたと感じていたが，たとえ働いていても自立には一人暮らしが不可欠であると考えている者もいた。三浦さん（関東，女性，院卒）は「自分が親から離れて自立したなって思ったのは，一人暮らしをして社会人を始めたからなんですけど。でも家にいて社会人してたら多分，自立したなって思わなかったと思うんです。やっぱり自分の力で生きていかなきゃいけなくなったなと思ったときに，家にいたらやっぱりなんだかんだ食事とか頼ってしまうんで」と述べた。池田さん（関東，女性，大卒）もまた，「やっぱり社会人なんで，一人暮らしするようになって，全部自分でやるようになったのが，その時が自立したかなって思います。実家から通ってたら，きっと働くだけで，家に帰って，あと全部やってもらってるってだけじゃ，あんまり1人で全部生きていこうとか，全部自分でいろいろ考えようとは思わなかったかなとは思います」と離家する重要性を述べた。その他，関東出身の佐々木さん（女性，大卒），小林さん（女性，専門学校卒），そして，東北出身では唯一，山崎さん（男性，大卒）も自立する上で一人暮らしをすることの大切さを述べた。
　嶋﨑尚子（2010）は，「未婚期の親との空間的距離は，出生地と進学先の空間的距離に依存し，その距離が近い場合にはあえて離家は選択されない。すなわち離家は，状況依存的に経験される傾向があり，ほかのライフイベントが選択的に経験されるのとは対照的である」（嶋﨑 2010: 113）と述べるが，進学先の少ない東北で離家が状況依存的に経験されるのとは異なり，関東では離家は自立を達成するための選択であった。
　しかし，一人暮らしはいつも自立と同義で捉えられるわけではない。関東出

身の高橋さん（女性，専門学校卒）はずっと実家に住んでいるが，それを自立していない状態だとは考えていない。彼女はデザイン系の専門学校を卒業後，就職したが数か月で辞め，その後はアルバイトをいくつか行い，現在は販売の仕事に就いている。「前は一人暮らしとかすればっていうのがあったんですけど，実際，一人暮らししてる人とかって，親から仕送りしてもらって，っていうのが結構多かったので，一人暮らしイコール自立っていうのが，社会に出てから何となく違うなって思い始めて」と述べた。

高橋さんとは別の理由で一人暮らしすることを自立とは考えない者もいた。東北出身の村上さん（東北，男性，高卒）は高校卒業後，地元で就職し，その後，家族と一緒に家業を行っている。彼は「一人暮らしするのが自立とも思ってないんですけど，今，料理作ってもらってる。何かをしてもらってるじゃないですか。その代わり，何かしてるんですけど。そういうところかな。まあ，なんだろうな。かといって，一人暮らしすることが自立だと思ってないんで。結局，彼女できて同棲したから結婚したってなれば，彼女に何かしてもらうじゃないですか」。村上さんは生活面のことをするのは親であり，同棲や結婚後は恋人や妻だと考えているため，生活面での「依存」を自立できていない状態だとは思わないのである。

(3) 精神的自立・自律

自立を自分で判断したり，責任を持ったりといった精神的自立・自律として捉えている者もいた。具体的には，「自分の意志で生きる」，「自分で決める」，「1人で考えて行動する」といった自己決定に関わること，「自分の信念，目標を持って生きる」，「自分のしたいことを見つける」といった自分の目標を持つこと，「自己責任で物事を進める」，「自分の行動に責任を持てる」，「自分の責任で動く」，「自分で責任を持って行動して，それを求められて」といった責任を持つこと，「心が広い，懐が深い」といった心理的な部分で「大人」になること，「仕事面でやっていけるという自信を持つ」，「仕事の面での判断ができる」といった仕事をうまくこなせるようになること，という自立観が語られた。

自立を精神面で捉えている者は，親や配偶者に精神的に頼ってしまうことによって自立できていないと感じる。たとえば，東北出身の斉藤さん（女性，大

卒）は関東の大学を卒業後，関東で小学校の教員として働いており，経済的自立は果たしていると考えているが，精神的自立は難しいと話す。彼女は自立について，「自己管理できればいいのかな，とも思います。全部，何でも，まあ，相談することはいいとは思うんですけど，最終決定を委ねるとか，何か全部を決めてもらいたい，親とか誰かに決めてもらいたいとかじゃなくて，やっぱ自分で，ちょっとこう，決められるといいのかなと」。さらに，自立できているかを尋ねたところ，「どうですかね。なかなか，精神的自立は難しいかなと何か思います。結構こう，夫に頼りたいとかっていう気持ちもあるし。そうですね。あんまりできてないのかもしれない」と述べた。

　斉藤さんのように精神的自立は経済的自立とはしばしば別の軸で捉えられる。言い換えれば，経済的には親に依存していても，自分で決めることができる状況においては自立が達成されたと感じられることがあるということである。小林さん（関東，女性，専門学校卒）は「私は自分のことは自分でやりたいと思っていたのは，本当に小さいころからずっとそう思っていたので，確かに親の庇護の下，ごはんを食べ，育てられてはいましたが，何だろう，経済は確かに，経済的には自立できてませんでしたが，小さい頃から精神的には親と距離を取っていたんじゃないかなとは思います」と話した。同様に，山下さん（関東，女性，大卒）も高校生のときには自立していたと感じており，「結構，決定権が自分に多かったっていうのと，正直，両親にはすごい頼ってましたけども，頼りすぎてはなかったかなと思います」と述べた。

　自立は仕事上の自律と関連づけて捉えられることもあった。関東出身の橋本さん（男性，大卒）は学校から就職まですべて関東で人生が完結してしまうようなモデルをたくさん見てきたので，あえて関西の大学に進学し，関西で就職した。彼は自立について「ある程度，そういう，自分で自分のことはコントロールできるぞ，マネジメントできるぞっていう，そういう，まあ，自信というのか，まあ，そういうものを持った状態のことかな」と定義した。彼はあえて関西の大学に進学したことからも，自分の人生を自らが「コントロール」しようとする傾向が強いように見える。いつ自立したと思うかと尋ねると，社会人2〜3年目に今の会社で収入を得ていけるような確信や自信ができたときだと答えた。同様に，石井さん（東北，男性，大卒）も自立を仕事と関連させて捉

えていた。彼は地元の大学を卒業後，地元で就職し，就職2年後に実家を出た。彼は自立を仕事の面で判断や技術について「困らないで対応できる」こと，そして「まあ，考え方っていうところでしょうかね。人間として。もうちょっとその，こう何か，心が広く，広い考え方ができれば，また違うんだろうかな，なんて」と考えていた。

　誰からの，どのような精神的自立・自律を必要だと思うかは，その人が学校に通っている年齢か，就職しているかといった状況によって変わるが，自分で考え，自分で行動する，といった自立観はいずれの状況でも同じであった。自立を仕事と結びつけて話した2人は男性であり，特に男性で仕事上の自律が重要な課題となっている可能性も示唆された。

(4) 他者への支援

　他者からの自立ではなく，他者へ支援を与えることを自立として捉える見方もあった。たとえば，実家に十分なお金を入れる，親に仕送りする，という親への経済的支援を自立と考える近藤さん（東北，女性，短大卒）や山口さん（東北，女性，大卒），親と一緒に住み，彼らを「見る」ことを自立と捉えている遠藤さん（東北，女性，大卒）である。遠藤さんは高校卒業後，甲信越地方の公立大学に進学したが，「まずこっちに帰ってきたいっていうのが一番あった」と地元での就職を目指した。最初は出身県の別の市で働いていたが，ストレスと震災と祖父の体調の悪化をきっかけに3年で辞め，実家に戻り介護の仕事に就いた。事務と介護の仕事が半分ずつのはずだったが実際は介護ばかりで，マネージャーに「国公立の4年制の大学も出てる女の人が，なんでここにいてて介護してんのとか」いろいろ言われ，ここも2年で辞め，別の社会福祉法人の介護職に転職した。自立について，「私は，自立して自分1人だけじゃなくて，両親も見たいって，見なきゃいけないって思ってるので，それも自立に加えると，相当，自立のレベルが高くなるとは思うんですけど。やっぱり経済的にちゃんと仕事をして，生活をこう営んでいくことができないとなって思います」と述べた。結婚願望はあるが「婿もらって，同居してもらって，っていうのが原則」だと考えている。彼女は仕事の相談などは友人よりも両親に話すほうが「気持ちも楽になる」と言い，「なんかそういう自立もあるかなって思います」

と話した。彼女は JELS の高3時の調査においても，親から独立して家を出ることについて「必ずしも自立する必要はない」と回答しており，そのころから離家と自立を結びつけて考えてはいないようであった。仕事上，苦労している彼女は，親を「見る」一方，親から精神的な「安心感」を求めており，「親子相互に依存的な関係」（田中 2010: 67）を求めていた。

　他方，2人の男性からは配偶者と子どもを養うことが自立であるという話が聞かれた。たとえば，西村さん（関東，男性，大卒）は進学校を卒業後，父親に資格を取るよう勧められ薬学部に進学，その後，研究者を目指して大学院に進学した。しかしながら，「親に迷惑かけれない(ママ)」と修士修了後，いったん就職するが仕事にやりがいを見つけられず，もう辞めようと思っていたところ母校の大学から来ないかと連絡をもらい，会社を2年で退職。現在，大学で任期付の助教をしている。彼は1人で生活する程度のお金を稼ぐことは誰でもできることであって，誰かを養える財力が必要だと感じていた。「たぶん，ちゃんと家族を持って，子どもをちゃんと学校に行かせられて。子どもがなんかしたいって言ったら，ちゃんと教育させられるような環境を作れて，やっと自立したって言えるんじゃないかな」。そしてこれは「親の影響が強いと思う」と言い，「やっぱりうちの親みたいな感じの人が，やっぱり大人としてはいいかなとはすごくいいかなとは思うんです」と話した。山本さん（関東，男性，院中退）も同様の自立観を持っており，「自分の場合だと，親に頼らず，親とか周りの子の面倒も見れて，で，結婚するなら奥さんの面倒まで，その先の子供の面倒まで見れるようになったのが，自立した大人かなみたいな。そこまでできてやっと一人前ってやつかな，っていうふうには思ってますね」と述べ，「自分の父も，何か，そんな感じの人だったんで」と父の影響を示唆した。

　このように配偶者や子どもを養うことを自立だと捉えている男性がいる一方，夫に経済的に依存することによって自立できていないと感じている女性がいた。中川さん（東北，女性，専門学校卒）は普通科高校を卒業後，美容師になろうと東京の専門学校へ進学。卒業後，東京で美容師として働いていたが，6年後，結婚が決まった夫が大阪へ転勤になったため退職して一緒に引っ越した。美容師とは関係ないアルバイトをしていたが，妊娠してつわりがひどくなり辞める。現在は妊娠中で無職だが，子どもが1〜2歳になったら「保育施設とかに預け

て働きに行きたいなと今のところは」考えている。そして，彼女は「今は自立してないと思います」と言った。

> なんかやっぱり働いて，妊婦であっても働いてなくて養ってもらってるっていうのと，あと，その時間を持て余して，ただ，だらだらしているっていうのが。なんか人としてどうなんだろうって，ちょっと思うので。やっぱりちゃんとしてる人は，その，結婚前とか，妊娠する前にある程度先のことを見据えて，蓄えておいて。で，そこからこう自由に自分の時間も趣味に使ったりとかしてると思うんですけど。ただ，だらだら生きてきたので，なんか頼りっぱなしだなって思うんです。（調査者：働いていたときはどうですか。）働いてたときは，いまよりは自立してたと思います。ちゃんと，ある程度，毎日，目的をもって生きてたというか，よし，今日も頑張るぞって感じだったんで。（中川）

夫の仕事の都合と妊娠のため仕事を辞めたにもかかわらず，中川さんは夫への経済的依存を問題に感じていた。

5. おわりに

本章では都市と地方の若者の自立観について探究し，かれらの価値観と生き方，そしてそこからいまの若者をめぐる状況について考察した。自立観は大きく分けて経済面および生活面での自立，精神的自立・自律，他者への支援について語られた。多くの者が経済面および生活面での自立を規範としては支持しつつ，実際の親への依存をさほど問題視しているようすはなかった。とくに関東のフリーターの若者が自立する必要はないと明確に述べたことは注目すべきであり，親に頼らざるを得ず，そして頼ることが可能な関東において，自立した自己を目指すという価値観が変わってきている可能性があることを示唆した。JELSの高3時の経済的自立の年齢規範の質問において，関東の大学・大学院希望者で20歳くらいで自立すべきと回答する割合が東北よりも高かったが，これもまた，特に関東において経済的自立が親からの完全な自立を意味しなく

なってきている可能性を示すものと解釈できる。

　若者の自立観の中身について地域差はあまり見られなかったが，離家を自立の手段として捉えているか否かには差が見られた。進学や就職で実家を離れなくてもよい環境にある関東では離家は自立のために選択的に実行されるが，東北ではその傾向が薄いようであった。

　ジェンダーの違いについて見ると，生活面と他者への支援という自立観にジェンダーが関わっている可能性が示唆された。家のことをするのは親や彼女・妻であり，生活面についての自立をする必要性を感じたことはないという考えと，配偶者と子どもを養うことが自立であるという考えは男性から聞かれた。対して，経済面での自立の必要性を感じないと話した女性はいなかった。また，親への経済面および生活面での依存と夫への経済的依存は自立できていないと感じさせる要因になっていたが，妻への生活面での依存は自立と関連づけて話されず，女性もまた，夫に代わって家事・育児を担うことを自立の1つの形として捉える者はいなかった。ここにジェンダーにアンバランスな自立観と，賃労働とケア労働との関係が垣間見える。平山亮（2017）は男性の介護についての研究を通し，男性は自立と自律を規範化しているが，実際はそれは「フィクション」であり，女性に依存していたり，「お膳立て」してもらったりしていることをなかったことにしていると指摘している。また，キテイ（Kittay, E. F.）（1999=2010）は依存とケアについての論考の中で，社会的協働（ドゥーリア）について検討し，「人として生きるために私たちがケアを必要としたように，私たちは，他者——ケアの労働を担う者も含めて——も生きるために必要なケアを受け取れるような条件を提供する必要がある」（Kittay 1999=2010: 293）と述べる。夫への経済的依存を問題視していた妊娠中の女性の自立観は，ケア労働の必要性と重要性が考慮されておらず，自分自身を含む賃労働ができない状況の者を否定してしまう価値観である。自立は他者への依存をすでにつねに前提としているが，それを否定すること，無視すること，そして，その存在に気づきすらしない現状は，今後，検討すべき重大な課題であるように見える。

　本章で現在の若者の自立観を通して見えてきたのは，親子の（相互）依存的な関係の青年期までの継続と，男女の経済的自立規範の強化，そして，夫婦間のケア労働における依存という事実の等閑視であった。

註

1) JELSの詳細については，本書第2章註4）を参照のこと。なお，本章は科学研究費補助金基盤研究（B）24330233「青少年期から成人期への移行についての追跡的研究（第4次）――就業と家族形成」(2012～14年度，研究代表：耳塚寛明）の成果の一部である。
2) インタビューはJELSメンバーである岩﨑香織，蟹江教子，中西啓喜，垂見裕子，寺崎里水，王傑と分担して実施した。
3) 以下の調査協力者の名前はすべて仮名であり，名前の後ろの括弧には出身地（関東か東北か），性別，最終学歴を示した。

参考文献

深谷和子，2000，「自立とは何か――身辺自立，経済的自立，精神的自立，そして『社会的自立』」『児童心理』54(1)，pp. 11-16.

福島朋子，1997，「成人における自立観――概念構造と性差・年齢差」『仙台白百合女子大学紀要』創刊号，pp. 15-26.

平山亮，2017，『介護する息子たち――男性性の死角とケアのジェンダー分析』勁草書房.

岩上真珠，2010，「未婚期の長期化と若者の自立」岩上真珠編著『〈若者と親〉の社会学――未婚期の自立を考える』青弓社，pp. 7-21.

郭麗娟，2012，「『自立』はいかに語られるのか――高学歴未婚女性の語りに基づいて」『PROCEEDINGS』20，お茶の水女子大学，pp. 21-30.

宮本みち子，2004，『ポスト青年期と親子戦略――大人になる意味と形の変容』勁草書房.

嶋﨑尚子，2010，「移行期における空間的距離と親子関係――近代的親子関係の再考」岩上真珠編著『〈若者と親〉の社会学――未婚期の自立を考える』青弓社，pp. 105-124.

田中慶子，2010，「未婚者のサポート・ネットワークと自立」岩上真珠編著『〈若者と親〉の社会学――未婚期の自立を考える』青弓社，pp. 65-82.

米村千代，2010，「親との同居と自立意識――親子関係の'良好さ'と葛藤」岩上真珠編著『〈若者と親〉の社会学――未婚期の自立を考える』青弓社，pp. 83-104.

Kittay, E. F., 1999, *Lover's Labor: Essays on Women, Equality and Dependency*, Routledge（岡野八代・牟田和恵訳［2010］『愛の労働あるいは依存とケアの正義論』白澤社）.

第4章

進路としての無業者
―教師の認識と指導「理論」―

諸田　裕子

1. 本章の目的

　本章の目的は進路指導部の教員を対象としたインタビュー調査によって得られたデータを手がかりに,「進路としての無業者」が教員たちによってどのように認識されているのか，そして，その認識に基づいて組織化されている「実践理論」——無業者という進路をめぐってどのように教員たちが了解し，生徒にどのような指導をすべきであると考えているのか——を描き出すことにある。生徒たちの進路形成プロセスにおいて，これまで，教員は学校から労働市場，上級学校へのゲートキーパーとして重要な役割を果たすと言われてきたし，実際，果たしてきたと言える。しかし，今日の高卒無業者の増加という進路の実態は，教員たちの進路指導についての認識に変容を迫らずにはいないものがある。学校内部において，実際に進路指導を遂行し，生徒の進路選択の状況を目の当たりにしている進路指導部の教員たちは，「進路としての無業者」をめぐってどのような認識を持ち，また，そのような進路を選択していく生徒たちに対するどのような指導「理論」を形成し，維持しているのだろうか。

2. 調査の概要

調査対象：札幌市，東京都，富山県に所在する高等学校32校の進路指導担当

表 4-1 ヒアリング対象者の属性

コード	性別	教職経験年数	現職校での教員歴	現職校での進路指導歴	無業者率類型	データ使用
東京1普	男	15年	9年	3年	2	○
東京2普	男	11年	N.A.	2年	2	○
東京3普	男	16年	8年	3年	分析除外	○
東京4普	男	16年	9年	5年	2	
東京5普	男	30年	14年	1年	分析除外	
東京6普	女	20数年	4年	1年	分析除外	○
東京7普	男	26年	3年	N.A.	2	
東京8普	男	21年	10年	N.A.	3	
東京9普	男	27年	2年	2年	2	○
東京10普	男	15年	7年	4年	2	○
東京11普	男	11年	7年	N.A.	2	
東京12普	男	38年	2年	N.A.	分析除外	
東京13普	男	16年	1年	1年	2	
東京14専	男	9年	9年	3年	2	
東京15専	男	18年	10年未満	4年	3	
東京16専	男	10年	3年	3年	2	
東京17専	男	13年	6年	1年	2	
東京18専	男	29年	N.A.	3年	2	
東京19専	男	13年	10年	4年	1	
東京20専	男	20数年	7年	2年	2	○
東京21専	男	28年	2年	2年？	分析除外	
東京22専	男	14年	6年	N.A.	2	

注）無業者率類型については，耳塚編（2000）第1章の分類による。1：高位シフト型，2：上昇型，3：低位シフト型，4：減少型。なお，表中の「分析除外」はデータ欠損による。

教員32名。なお，本章の分析では，無業者を輩出している東京都のデータ（22校）を扱う。

分析対象者の属性：教職経験年数／性別／現職校における進路指導部歴等については，表4-1を参照。

調査時期：1999年10月～2000年3月

調査方法：非指示的面接法によるインタビュー。

インタビュー内容：進路指導の実態及び無業者予備軍の特徴について。

3. 本章の分析枠組——教員の語りへの着目

ところで，耳塚寛明編（2000）『高卒無業者の教育社会学的研究』第1章および第2章の分析結果を踏まえると，高卒無業者の輩出率において，まったく異なる状況にある地域として，東京都と富山県を対置することができる。まったく異なる状況とは，まず，就職希望者の受け皿としての労働市場が縮小しているか否かという経済的背景である。そして，学校内部に目を向けると，進路指導の実態や教員の進路指導観における違いとしてあらわれていた。

本章では，学校内部において進路指導を遂行している教員の語りに着目する。教員たちの言葉の真偽は問題ではない——言葉が実態を反映しているかどうかは不可知である。社会の人々は，特定の認識に基づいて行為を遂行する。教員が，「進路としての無業者」を進路指導上の問題として認識していれば，それを解決しようとする。逆に，「進路としての無業者」を解決するべき問題として認識していなければ，その進路を選択した生徒に「進路指導」は行われない。どのように語るのか，どのような言葉を動員して意味づけを遂行するかによって，教員たちの「指導」は異なってくる。実態を了承する彼らの意味づけは，その実態についての「正しい」認識ではないかもしれない。しかし，"教員が"意味づけするという点で，その認識は「正しい」ものとなり，むしろ，生徒の無業者という選択を産出する機能へと帰結するとも言える。

以上のような問題関心および分析枠組みに基づいて，以下では，インタビューデータに即して実証的な分析，考察をすすめる。現場の教員の語りに着目した分析は，高卒無業者を主要な関心とする先行研究でほとんど行われていない。この点で，本章の分析は，高卒無業者の研究に重要なインプリケーションをもたらすものである。

4. 多元的な現実を生きる教員たち
——「未定者」の特徴をめぐる語りから

インタビュー全般を通じて，「進路としての無業者」に対する明確な否定／

肯定の声は教員から聞かれることはなかった。このこと自体考察するべき課題の1つであるが，本節では，まず，教員たちが無業者にどのような意味づけをしているのかを概観する。提示する事例は，学区や学科に偏りをもたせないように選択した。記述は，進路希望調査で「未定」と書いてくる生徒の特徴をたずねた質問や「社会一般のフリーター増加をどう思うか」といった問いに対する教員の語りを中心にすすめる。なお，対象校は（地域 – 学校番号 – 学科種別：東京 – 1 – 普）という形式で以後表示する。引用箇所の（　）内は筆者註，また下線は筆者による。

① 成績面で多様な生徒が入学してくるという対象校の特徴をたずねるなかで，そのなかでも「フリーターでいい」と言っている生徒は，「だらしのない子が多い」という。

　　だらしのない子が多いですね。生活が自分で管理できないというか，朝，学校に来られないとか。朝，起きられなくて，欠席が3年間で50日，とか60日とかが，うようよいますから。（東京 – 1 – 普）

② 当初90名ほどいた就職希望者が9月には48名に減ったという高校で，希望を変更していった生徒の特徴についてたずねた。就職活動におけるさまざまな手続きや行事への参加に「嫌気がさし」た生徒たちとして特徴づけられている。

　　要するに，就職活動をさせるためにはいろんな，こう……，学校のなかで，どこの学校でもそうなんですけどいろんなルールをちゃんと決めてそのルールに則って……，たとえば模擬面接を受けたりだとか，服装とか，髪型をきちんとしたりだとか，そういう，厳しく……，どこでもやっているとは思うんですけれど，結局そういうのが嫌気がさして，そこまでして就職したくない，あるいは就職すること自体が面倒くさいというような……。結局，この48名以外はこの時点では，それがほとんどだというふうに思います。（東京 – 2 – 普）

ただ，この高校では，ここ2年間を比較しても求人状況が異なっており，「フリーター増加」現象を1つの原因によって説明することはできないと教員は語る。次の語りをみてみよう。「自己決定ができなくなっている」という問題ではなく「社会の方の問題が大きい」という。ここで提示したインタビュー場面の後で，「社会の状況」が悪いため生徒に「ちゃんと就職しろよ」と「そこまで強く言えない」し，今年に限っては「はっきり言って私，お手上げ状態ですから」とこの教員は語っている。

　　　ただ私も去年までは，フリーターの増加っていうのはやっぱりまずいな，どうにかしなきゃいけないなって，進路指導をきちんとしなきゃいけないなっていうのがあったんですけれど，やっぱり今年の状況をみてみると，結局非自発的なフリーターが増えているという現実があるから，やっぱり社会のほうの問題がすごく大きいと思うんですよね。だからこの間もNHKでフリーターの増加についてやってましたけど，それで何か，今の若者が自分の自己決定ができなくなっているみたいな言い方でまとめてたけど，それはもう全然，僕はちがうと思いますし。そうじゃなくて，フリーターにならざるを得ない生徒がやっぱり非常に多いということですよね。（中略）だから，今年の場合のフリーターというのは，そういう意味では非自発的なフリーター……。かといって今までのフリーターが自発的なフリーターかというと，そうじゃなくて，ほかにやることないから結果的にフリーターみたいなものが僕は多いと思うんですけれども。（東京-2-普）

③　次に提示する対象校では，6年ほど前にフリーターの追跡調査を実施しているという。この高校の教員は，「フリーターという言葉ができた」ことで生徒がフリーターを1つの「社会的存在」として「勘違いした」問題として語っている。

　　　それと関係しているんだろうけどね，自分がみんなと違っている，何者でもないというのが，すごく辛いみたいなんだよね。フリーターがこんな

に拡がっちゃったでしょ，それってひとつは，フリーターという言葉ができちゃったせいもあると思うんだ。言葉ができる前は，進路が決まっていないというのは何者でもなくて，みんなと違っていたんだよね。だけど，そういう言葉ができたことで，仲間がいることがわかって，そういう社会的存在の仕方もあるんだって，勘違いしちゃったんじゃないかな。単なるアルバイト仲間を超えた共有感というか。(東京 - 3 - 普)

　そういう生徒たちの特徴を別の場面でたずねてみた。「3年になれたら卒業，その程度の目標しか」もたない生徒たちだという。

　　まず進級，3年になれたら卒業，その程度の目標しか持っていないから……。この進路一覧には成績や欠席も出してあるんだけど，見てわかるように，ほんとにギリギリできているんだよ。で，ここで見えないのが，欠時ね。朝，来られないと，同じ授業を休んじゃうことになるでしょ。欠席にはならなくても，進級が危うくなるから。(東京 - 3 - 普)

④　進路希望調査で「未定」と書いてくる生徒たちの特徴についてたずねた質問に対し，次のように語ってくれた。

　　その子たち（未定者）はまず高校を卒業したい。卒業できるかどうかが非常に不安だ。何しろ高校だけは卒業したい。卒業してしまったあと2，3年かかって，卒業したあとトライすればいいのだという部隊です。(東京 - 5 - 普)

⑤　進路希望調査について「初めからあまり進路を決めないで未定というふうに決めてしまう子もいるのでしょうか」とたずねたところ，「そういう子もいます。とりあえず卒業すればいいという」と教員が答えたので，さらにそうした生徒の特徴をたずねてみた。

　　高校に入ってきた時点で，別に学校はそんなに好きではないけれども，

第4章　進路としての無業者　　49

とりあえずここだったら入れるから入っておこうというので，もちろん力もない。そういう生徒に合わせて授業をやっているのですが，なかなか学力的にもついていけない。とりあえず学校には来ているのだけれども，ずっと寝ているとか，そういう感じの生徒かな。(東京 - 6 - 普)

⑥ 「フリーターになる子が学校への関わりが薄いのではないか」という質問に対する教員の回答のなかで語られた「未定者」の特徴である。③や④，⑤と同様に，「まずは卒業」という生徒の現状認識がある。

　　フリーターというのは，就職試験は面接だけだし，授業は関係ないし，オール2で卒業すれば，卒業証書を手に入れればいいんだし，目標を低くします。(東京 - 9 - 普)

⑦ 「生徒は幼いというか，子どもというか，手がかかる」と，対象校の生徒の特徴を述べたのが，次に語りを提示する教員である。この教員は「未定者」ではなく「プータロー」というカテゴリーを使用して無業者を語った。この教員からは，「適職探し」という社会的な風潮に対する批判の言葉が語られている。「プータロー」の特徴をたずねてみた。

　　そうですね。ただ，やはりこういう取材をするとわかると思いますけれども，例えば適職探しというものがあります。自分に合った仕事を探す。結局，そういうものをあちこちでいろいろ聞くものですから，自分に合った仕事がないと思って，「いいや」と。2，3か月プータローでもして探そうということもあると思います。(東京 -10- 普)

また，別の場面では次のように生徒の特徴を語った。

　　それもあります。今，高校生の中にいるのですが，自分の頭の中に自分の不満というものをちゃんと消していくという回路がない子がいるのです。結局，それがばっと出てしまうのです。うちのクラスにもいたんですが，

不満を持って何か嫌なことがあると,それを自分なりに理由を考えて,だれが悪いのか,どこに原因があってどうすればいいのかということを,高校生はちょっとわからないこともありますけれども,そうやって何度も何度もやっていくうちに大人になっていって,それで不満の解消法がわかるわけです。ところが,どうしてもそこが作れない子がいます。<u>絶対本人が悪いのだけども,結局それを言ってくれなかった大人や社会が悪いと転嫁してしまっている</u>。中にはそういうふうに思える子も若干います。コギャルの崩れたような子たちもフリーターになっています。<u>大人に対する不信感の塊みたいになっています。そういった子たちは大人のいる社会の中で悪く言われてなっていく</u>のではないかと思います。大人に対する不信感を持っている子が多い。(東京 - 10 - 普)

⑧ 「一般的なフリーター増加傾向」についてどう思うかたずねた。「今の時代は少しやむを得ない」が「目標もなしにフリーターという子」は問題であるという。

　私の個人的なことですか。今も話した通り,確かに就職しても急に会社が倒産したりとか,たとえばある程度年齢がいってリストラとかの方もいらっしゃいます。そうすると,就職するということがどうなのかと考えますと,<u>個人的には一概に非難はできない気がします。フリーターでもやむを得ないといいますか。本当はそうは思っていませんけれど,今の時代は少しやむを得ない部分もある</u>のではないかという気はします。

時代的にやむを得ないなか「積極的にフリーターで行く生徒」についてはどう思っているのかを引き続きたずねた。

　積極的にフリーターになりたいという子は,中に目標を持っているような子もいます。<u>そういう目標を持っている子はまだいい</u>と思います。将来こういうことをやりたいので,たとえば音楽の道を自分はずっと目指しているとかという目標があって,そのためにとりあえずフリーターをやって

という。目標を持っている子はいいと思います。<u>目標もなしにフリーターという子もいますので，それは問題だと思います</u>。(東京 - 11 - 普)

「未定」の生徒にどのように対応するのかをたずねた質問に対する回答を通じて，「目標もない」ままの生徒について次のように語っている。

 ただ，自分のやりたいことが見つからないという感じなので，どうしようもないのです。「あなた，就職したほうがいいのではないか」とも言えないので。とりあえず，たとえば大学に行くとか何か生徒のほうが決めてくれないと，こちらも動けない。就職したいとか何とか決めてくれれば，「今，こういうのがあるけどどうする」と相談に乗れますけど。まったく自分が何をやっていいかわからない，好きなこともよくわからないと言われてしまうと困ります。そういう子は何も決まらないまま卒業してしまうということになります。(東京 - 11 - 普)

⑨ 未定者が学年で1クラス分いるが決して多い方ではないと教員は語る。その未定者の特徴は「職業観の甘さ」であるという。「以前は就職する子たちというのは，授業中は勉強しなくても就職に関しては一生懸命やっていたが，それがだんだんなくなってきている」。こういう状況のなか「未決定の質が変わってきて」おり，「感覚的には，就職のためのフリーターがどんどん増えてきていることははっきりしている」のだと語った。そして，「富山でやっていること（生徒を統制して未定者を出さないような指導をさせて）は個人的には賛成しない」と語るこの教員に，ではどのような進路指導を行うのかたずねた。「進路指導のポイントというのは個別指導です。それからどれだけ情報を提供できるかということ」と語った教員にさらに「個別指導」の中身をたずねた。

 結局は<u>生徒の自分探しをサポートしなければいけない</u>でしょう。自分が考える場というものを絶対に作らなくてはいけない。<u>今の子は考える場を作らなければ，まず考えないで済ませようとします</u>（中略）いろんな価値

観をぶつけていって自分の価値観を持ってもらう，自分なりのことを探してもらうということです。生徒が必要な情報を示さないでいて，<u>生徒が最後に考えることだというのは逃げだと思うのです</u>（中略）<u>最後は子どもが自分で考えて決めなくては絶対駄目だと思います</u>。（東京 - 13 - 普）

⑩　対象校の進路状況を確認する中で教員の口から「未定者」の特徴が次のように語られた。

　その子たち（未定者）は，学校に来るのがやっとです。だから，担任の先生が一生懸命「頑張れよ，頑張れよ」とやって，やっと来ているだけだから，そんな進路のことまで考えられるような子ではない（中略）先生の方がある程度一生懸命になれば，7，80％の生徒の方も一生懸命になる。そういう面では，進路指導があって，生徒の進路が決まっていくことも結構強いです。この未定者の数は，どうすることもできない。まずは卒業だから。（東京 - 20 - 専）

　こうした事例の数々から，無業者の増加という同一の状況に置かれた教員たちのあいだに，さまざまな認識が存在することを私たちは知ることができる。すなわち，客観的な数字に基づけば単一の問題系として位置づけられる「高卒無業者（およびその増加）」という現象が，現場の教員たちによって多様な解釈実践が遂行される対象となっている，ということである。進路選択行動を行う1人1人の生徒のさまざまな実態やそれぞれの学校の問題的な状況を文脈として，現場の教員の語りは生まれる。同一の，「未定者の特徴は」という質問に対して，「だらしのない子」と生活行動面という点から特徴づけたり，「とりあえず卒業」というように進路指導以前の問題が生じていることに目が向いている点を述べたり，「目標を持っているかどうか」という点でフリーターを分別したり——ある意味で未定者の存在を前提とした解釈である——多様な回答を得ている。このことは，教員たちが置かれた文脈の違いの反映でもあるが，「高卒無業者問題」に向ける個別の教員の関心の温度差にも由来する側面もあるだろう。むしろ，「とりあえず卒業」と特徴づけられた生徒たちへの言及か

らは，無業者に進路を決定させるという意味での進路指導が成立していないのではなく，まずは生徒を学校に来させるという進路指導以前の問題が生じていると考えなければならない，高校がおかれた今日的な現状がうかがえるのではないだろうか。

　また，「未定者の特徴」を述べるために教員たちが使用した語りの社会的な帰結について次の点を指摘しておきたい。「目標をもつ」こととの関わりで生徒を捉える言説は生徒たちの進路選択の内容——進路先として何を選択したのか——を問題にする契機を奪うことへと帰結するのではないかという点である。同様の帰結をもたらすと考えられる言説には「自分のやりたいことを探す」「生徒の自分探し」がある。これらの言説は，フリーターを選択しても進路を選択したことにはかわりない（選択内容ではなく，選択したという行為だけが重視される），まして生徒自身がやりたいから選択したのだ，というように現実を説得的に解釈することを容易にする。

　また，もし今，「とりあえず卒業」というある意味で学校の正当性が問われるような危機的な状況が支配的になりつつあるとすると，にもかかわらず「生徒に目標を持たせる」指導——きわめて教育的な指導理念である——をすすめようとすれば，あるいはそれが「正しい」指導であるという知識が流通するならば，そうした指導に先行している，学校の危機的な状況へは目が向けられないだろう。指導を行うということは，指導の対象である生徒がそこに存在し，指導の対象となる生徒が集まっている学校の存在が前提になっているからである。

5. 指導「理論」——指導の実態や理念を語る教員たち

　前節では，教員たちの多様な認識をみてきた。前節の冒頭で述べたように，多くの教員は無業者を明確に否定することも肯定することもない。では，教員たちは，彼らにどのような指導を行おうとしているのか，どのような指導がいいと考えているのだろうか。本節では，特に「未定者への対応」や「進路指導においてこころがけていること」をめぐる教員たちの語りから，教員たちが進路指導や無業者についてどのような論理をもっているのか／いないのか（進路

指導観・職業観）について記述していく。彼らは，指導「理論」をどのように組織化しているのだろう。

① 「未定者」を「とりあえず卒業」であると特徴づけた教員は，「進路指導において心がけていること」をたずねた別の場面で，「正社員を勧める」が「今の子どもたちの状況」からそのむずかしさを指摘する。そして，「本来なら」高校で「社会に通用するように成長させてから出せばいい」のだが，教員が多忙であるため「限界がついて回る」。「だけれど生徒たちには，夢や希望を失わないよう繰り返し訴える」指導を行っていると語った。

　　僕自身は，長続きしなくてもいいから，何しろ社会へ出て正社員をやってみるということを勧めています。そこはどうしても自分に合わないとなったらば，それはいくらでも変われる。どうしてかというと，そうしないとうちの子どもたちはやはり脱皮していかないのです。
　（調査者：脱皮ですか）
　　僕は生物の教員で，しかも昆虫ばかりやっているからそういう言葉を使うのですけれども，大きくなるためには今までの殻を脱いで脱皮していかないと大きくなれないです。だから，職業に就くということは自分のいろいろなものを突きつけられます。やはりお金をもらうわけですから，それに見合った働きはしなくてはいけないし，いろいろな人間的なトラブルも起こるし，それから，先輩から教えられるとか，後輩を指導しなければいけないとかいろいろあります。そういう中で人間は大きくなっていくわけですから，少し古いタイプかもわからないけれども，僕は，「どんな所でもいいからまず行って働け」と。ただし，アルバイトか正社員かということについては，これは正社員になるに越したことはないのですけれども，今の子どもたちの状況からいって，「かったるい」とか，「上から押しつけられるのは嫌だ」という傾向は確かに子どもたちの中にあります。本来だったらば，それを越えて社会に通用するような子どもたちに成長させてから出せばいいのだけれども，はっきり言って，今のうちの実態としてはそこまでできないのです。もっとはっきり言ってしまうと，1クラスの生徒

の数が多すぎるし，教員の持ち時数が多すぎるし，めちゃくちゃになると教鞭はいろいろなやり方が出ていますから，そういうのに余計なエネルギーや時間が捕われすぎるということで，だから限界は付いて回っている。だけど，生徒たちに繰り返し訴えて，僕たちとしては，「夢と希望を失ってしまったら人生なんていうのは全然面白くないのだから，自分の夢を膨らませて希望を実現できるという所で，ある場合においては，そこに行くことが決してすぐにはならないかもわからない」という言い方を生徒たちにはしているつもりです。(東京-5-普)

② ①の高校と同様に，「未定者」を「とりあえず卒業」と特徴づけている，この対象校の教員は，「自分にあうかどうかいろいろな経験をするというのはフリーターでいい」と言う。その理由をたずねてみた。

<u>自分にあうかどうかいろいろな経験をする，というのはフリーターということでいいが，20歳を過ぎてまで続くのはおかしい（中略）自分にあった職業，自分にあった生き方を探して，自分にあった生き方を先に見つけたのならば，それにあった就職口を正社員として探す。正社員の道を，自分は何が1番好きなのかということを探し求めないと人間は向上しない。</u>
(東京-9-普)

③ この高校の教員も，①②と同様に「未定者」を「とりあえず卒業」と特徴づけた1人である。彼は，フリーターになっていく生徒を「今の時代の流れ」として語った。決してフリーターがいいとは考えていないが，かといって，フリーターという進路を否定するわけでもない。進路部の指導にもかかわらず「これだけしか就職しない」現状を前にして「向上心をもたない」今の生徒たちとは「価値観がちがって」いると語る。

（調査者：先生ご自身は，今フリーターというのがよく問題にされていますが，フリーターという子どもたちに対してどういうふうに思っていらっしゃいますか）

就職したいのに就職ができないという子に対してはすごくかわいそうだと思いますが，そういう意識がまるでない子がいます。今の時代の流れかと思いますが，そういう子には，「今はいいけれども，30過ぎて仕事はないよ」といつもいうのですが，そこまでは考えていないみたいです。年を取ったときにどうするとか，そんなことは一切あまり考えていなくて，今はそんなに就職もしたくない。かといって，専門学校に行って勉強もあまりしたくない。だからこれでいいのだという感じです。
　（調査者：その子たちは何か夢中になるものはあるのですか）
　あまりないですね。最初にこの学校に来た時に，あまりにも子どもが勉強をしないから，「英語をわかるようになりたいと思わないの？」と言ったら，「全然思わないよ」と。「おうちの人が勉強しろとか言わないの？」と言ったら，「全然言わないよ」と。「そうか」と言って，けっこうカルチャーショックだったのです。わかるようになりたいとか，わかったからうれしいとか，そういうふうにはあまり思わないみたいです。私なんかは世代が違うのかと思いますが，少しでもよくなりたいとか，そういう向上心があまりないみたいです。それこそ今日の朝日新聞に出ていたけれども，就職してお金持ちになりたいとか，豊かになりたいという価値観では今の子どもはくくれなくなっているのでしょう，すべてが。知的にもう少しいろんなことを学びたいとか，そういうふうには思わないみたいです。だから，フリーターでもOKという感じになるのでしょうね。（東京-6-普）

　問題は「価値観の違い」以上に「意に介さない」生徒たちの現状である。「意に介さない」生徒を前にして教員の指導は成立せず「こんなに指導してもこれだけしか就職しない」実態に教員は言及する。

　（調査者：就職指導の中でフリーターになると保険が利かないとか，大変になるというのを先生たちはおっしゃっているにもかかわらず，そういうふうに意に介さないような……）
　もちろん言っています。価値観が全然違うというか，「いいよ」という感じかな。こんなに指導してもこれだけしか就職しないです。（中略）と

にかく就職させます。進路部の先生は頑張ってやりますが，いろいろ言っても，「就職はいい」と，「どうするの？」と，「そんなにいいよ」と。「経済的に大丈夫なの？」と言ったら，「大丈夫じゃないけどいいよ」という感じです。(東京-6-普)

④ 「だらしのない子」が「未定者」になると語った，この事例の教師は，「フリーター希望者への対応」としてプリントを作成・配布している。インタビューの別の場面で社会に受け皿がないと語り「学校は責任が持てない」と語った。

> 一応，決まっていない子には，アプローチというのか，担任レベルでは接触を持ってもらいますね。個々の担任の判断に任せるところも多いのですが。フリーターがどれだけ社会的，将来的に不利になるか，というようなプリントは作っていますけれど。（中略）（そのプリントを配るのは）3者面談の前ですね。3者面談で「フリーターでいいや」というふうに，結論から始まっちゃうと何の意味もありませんから。そこを崩していくところから始めませんと。
> （フリーターについて先生はどう，お考えですか？　という問いに）
> フリーターが社会的に不利だということは伝えなければならないと思いますが，フリーターでいいという子たちに言い聞かせて，どこに行かせるかというと，受け皿がないんですよね。無理矢理に就職させても，本人のためにもならないし，学校としても責任が持てませんから。(東京-1-普)

この教員はさらに別の場面で「進路指導の方針」を次のように語った。「1人1人をおろそかにしないこと」を心がけているが，フリーターになる生徒は「動機づけ」の時期を逸した生徒であり「もう終わっている，仕方ない」生徒だという。

> 心がけていることですか……。まず，面倒がらないことですね。結構，生徒が多いですから，さばいていく感じになりやすいんですけど，そうじ

ゃなくて，<u>1人1人をおろそかにしないように，一生のことですから，それぞれに適した進路を見つけさせるように，丁寧に対応していくということ</u>でしょうか。(中略) いちばん大切なのは，動機づけですね。このままじゃダメだなと思わせるというか，そういう意識の面が大事だと思いますね。こうしたいと思うようになったら，必要な情報を与えることはいくらでもできますし，そこからが進路の出番なんですけど，問題はそうなる前ですよね。その動機づけを1, 2年生のうちに，できるだけすることが大切ですね。フリーターで卒業してしまうというのは，動機づけすべき時期に，それができなかった子たちですから，それは，もう終わっちゃったというか，仕方ないと思っています。(東京-1-普)

⑤ 「(うちの高校の) 生徒は幼く，手がかかる」という生徒全般の状況を述べ，「プータロー」というカテゴリーを使用して無業者について語った教員によれば教員の指導に対して「夢をつぶされた」と感じる生徒がいるという。この教員は，「適職探し」と「心理学の自己理解」という社会的な風潮を問題にしている。

　　<u>うちの生徒はいったんこうと決めたら頑固で，あまり言うと個人攻撃をされたような感じになってしまうらしいのです，私の夢をつぶしたということです。だから，その辺は難しいです。「私がせっかく決めたのに，先生が夢をつぶしている」</u>という感じです。(東京-10-普)
　　(調査者：フリーターになっていくような生徒さんに先生としては指導というか，「いいのか」ということをおっしゃるのですか)
　　<u>進路部に来てもらえばそれはよくします。ただ，担任を持っていれば別ですけれども，基本的に進路部に来ないです。うちはフリーターへの指導というのは具体的にやっていないのです。</u>
　　(調査者：最後に，最近この学校もフリーターになる人が増えているということでした。それに現象に対して先生はどのようにお考えですか)。
　　<u>社会的に見れば，適職探しは1番腹が立ちます。そんなものはない。なりたい自分になることはない。人間食うためには好きなものを2番目に取</u>

っておいて，やはり食うためには仕事をしなくてはならない。それを考えなくてはいけないと思います。(中略) 進路はなるようにしかならないと思いますけれども，それでも若いうちに技術をつけたりしないと，結局今のような社会だと，一部のエリートと技術層，その他日雇いとか期間限定で雇用されたりバイトとか，そういう3層構造があります。結局，このまま何もしていないと，そうやって一生特別な技術もない，知識もないまま終わってしまうと思います。それだったら，誇りとかプライドが持てるように，嫌でもこの時期にちゃんと技術を身につけてやってほしいと思います。(中略) もう1つ悪いと思うのは，心理学の自己理解みたいなことも確かに大事なんですけれども，けっこう生徒の間で心理学ブームがあるんです。心理学で自分に合った仕事を探します。あれもタマネギの皮むきだと思います。むいていくと何もない。自分の仕事なんてやってみないとわからないし，とりあえずやらせるところからでないと始まらないのではないか。(東京 - 10 - 普)

このように明確な理念を語る教員も次のような現実に囲まれながら指導している。

うちの生徒は幼い面もありますので，1年のうちからとことんかかわってやっていけば，ある程度はちゃんとついてきます。学年の指導によっては，フリーターがぐっと減ったり増えたりということがあるような気がします。うちも一生懸命やったのだけど，こんなにいるでしょう。何だかんだ言いながら76人出てしまいました。中には浪人が19，本当のフリーターは50ぐらいが確かな数字だと思います。どうしても1クラス，6，7人は出ます。(東京 - 10 - 普)

⑥ フリーターが問題というよりも「自分のやりたいことがみつからない」ことをこの教員は問題にしている。「自分のやりたいことがみつかってくれればいい」のだと語った。

ただ，自分のやりたいことが見つからないという感じなので，どうしようもないのです。「あなた，就職したほうがいいのではないか」とも言えないので。とりあえず，たとえば大学に行くとか何か生徒のほうが決めてくれないと，こちらも動けない。就職したいとか何とか決めてくれれば，「今，こういうのがあるけどどうする」と相談に乗れますけど。まったく自分が何をやっていいかわからない，好きなこともよく分からないと言われてしまうと困ります。そういう子は何も決まらないまま卒業してしまうということになります。（東京‐11‐普）

そうですね。現に，ずっとフリーターをやっていたような子で今は手に職を持っている子もいるのです。だからある意味では，多少フリーターをやっても自分のやりたいことがちゃんと見つかって，それなりに就職したりとか進学したりとかあとからでも見つけてくれれば，われわれとしてはいいと思っています。一生フリーターでいられると困るのですけど。でも，あまりそういうこともないみたいです。20歳ぐらいを超えてくると，このままではいけないと思うらしいです。私がこの学校で出した卒業生ももう20歳を超えていますが，先日も来て，ずっとフリーターだったのですが，ダンプの運ちゃんになったとか。（東京‐11‐普）

「やりたいことがみつかってくれない」生徒も「どうしようもない」が，しかし，「自分を変えてまでも就職しないでいい」と明言する生徒に対しても「もう何もいわない」とこの教員は語った。

　　（調査者：就職するために言葉遣いも直したり服装チェックを厳しくするというふうによく聞きますが，こちらはどうでしょうか）
　　たとえば髪の毛を染めていたりすると，就職試験に行ったら落ちるよという指導はします。
　　（調査者：ちゃんと直して来ますか）
　　まじめに就職をしようという子は直します。ただ，自分を変えてまでも就職をしないでいいとはっきりする生徒もいます。それは何ももう言わな

いです。(東京 – 11 – 普)

　この教員に「進路指導における心がけ」についてたずねた。「基本的には（生徒の）希望」で「（生徒に）選ばせる感じ」だと語る。

　　基本的には，その生徒のやりたいことがどんなことなのかということを聞いて，希望に合うものを探していくという感じです。こちらはこういうのとこういうのがあるよと紹介するだけで，選ぶのは本人です。こちらから「おまえ，これがいいのではないか，これにしなさい」ということはいえません。「こういうのがあるけど，どうかな」というふうに選ばせる感じです。
　　（調査者：特に心掛けているということはありますか。本人は販売を希望しているけれども，どう見ても販売には向きそうもないような子だというときに「やめたほうがいいよ」みたいな。なるべくその子の特性が生かせるようなものを勧めるとか）
　　そういうアドバイスをすることもありますけど，基本的には希望です。(東京 – 11 – 普)

6. 小括——指導「理論」の問題構成

　前節では，「未定者の特徴」をめぐる第4節の検討に基づいて，「とりあえず卒業」／「だらしのない子」／「目標のない子」と語った教員たちの進路指導観を中心に記述をすすめてきた。どのような進路指導を行っているのか行うべきなのか，教員たちの語りにおける論理を整理し再確認する。

(1)「とりあえず卒業」(事例①，②，③)
　①では，正社員がいいのだが今の子どもたちの状況では無理だし，社会に通用する生徒に成長させるのが（学校）本来の役割だが，高校の現状——生徒の実態，多忙な教員，1クラスの生徒数の多さ——では限界がある。だが，生徒には"夢と希望"を失わないように繰り返し訴える。②では，"自分にあうか

どうか"いろいろな経験をするならフリーターでもいい。"自分にあった"職業や生き方に適した就職口を正社員として探す。③では，フリーターになる生徒は今の時代の流れであり，自分のころとは価値観が違い，向上心がない。進路部の指導にもかかわらず就職しない。

(2) 「だらしのない子」(事例④)

④の事例では，フリーターの受け皿がないし，無理矢理押し込めても学校は責任が持てない。進路指導は面倒がらずに1人1人に適した進路を見つけさせるため丁寧に対応するし，必要な情報は進路部が与える。進路指導の動機づけに失敗したのが未定者であり，それは仕方ないし，もう終わっている。

(3) 「適職探し」「自己理解」批判 (事例⑤)

「適職探し」や「自己理解」という社会的な風潮を批判した⑤では，1年の時から教員がとことんかかわっていけば生徒はついてくる。しかし，懸命な指導にもかかわらず未定者が多い。

(4) 「目標のない子」(事例⑥)

「目標のない子」と特徴づけた⑥では，"自分のやりたいこと"をみつければフリーターでもいい。基本的には生徒の希望であり，「これにしなさい」とは教員の側からはいえない，というものだった。

これらの事例から，現場における実践を支える論理を析出することができる。すなわち，目標があれば，あるいは自分のやりたいことを見つけてくれれば構わないという《希望・自己選択重視型》の論理。そして，指導の外にいる生徒たちだから仕方ない（たとえば「動機づけに失敗した」という意味づけ）という《指導諦念型》の論理である。いずれの論理も決して「未定者」を積極的に肯定しているわけではない。教員を取り囲む現実を文脈にして，その現実の限界を"夢や希望を失わないような指導"を行うことで乗り越えようとしている。あるいは，生徒たちの向上心のなさを嘆きながらも，フリーターを「時代の流れ・価値観の相違」によって仕方がないと受け入れている。「未定者」を進路

指導における動機づけの失敗として位置づけることによって指導の外にいる存在として（指導対象の外に放置して）了承する。これらの論理は，それぞれの教員たちの置かれた現実を彼らなりに了承し納得するための論理であり，本節の課題である指導「理論」のひとつの位相——理論というよりも《現場の知恵》とでも呼べるもの——である。教員たちの「未定者」をめぐる意味づけは前節でみてきたようにさまざまであった。しかし，そうしたさまざまな意味づけとは別に，教員たちは，「未定者の増加」を含む今日の高校の進路指導の現実を結果的に容認することになる論理を作り上げているのである。

　本章では，「進路としての無業者」をめぐる進路指導部担当教員の認識を記述した上で，彼らの進路指導観を手がかりに，「未定者の増加」という現実を了解する論理——指導「理論」の１つの位相——について検討してきた。最後に，指導「理論」の別の位相について議論を提示しておきたい。正社員にならない／なれない現実を"夢や希望を失わせないように指導する"ことや"自分にあった生き方や自分のやりたいことを探させる指導"や"目標をもたせる指導"が導く帰結について考えるとき，それは明らかになる。すなわち，夢，希望，目標，自分のやりたいこと，自分にあっている生き方——進路指導のみならず，現場の実践を支える主要な価値——こうしたことを否定できる者は誰もいない。これらは教育的な価値をもっており，学校教育をめぐる言説空間に当たり前のように流通している。「進路指導」という概念自体の出自を考えると，青年期の発達課題の解決を通じた成長を意味しており，成長のためには目標をもつことが大切で，１つ１つ目標を実現していくことによって人間は進歩していく（もっといえば，目標を１つ１つ解決していかなければ人間は進歩・向上できない，という思想）ということである。

　しかしながら，本章で見てきたように，自分にあった目標をもたせることが指導上の主要な問題となっており，目標を実現するための具体的な手段にまで指導が及ぶことはない（そこまで指導することができない現状がある）。フリーターを分別するために「自発的／非自発的」，「積極的／消極的」というカテゴリーを使用している現状を考えてほしい。つまり，"目標をもっているかどうか"が生徒の進路選択行動の善し悪しを決定する基準であり，選択する進路先がど

のようであるのかという現実的な問題には目が向かない。学校教育においては，"生徒が自分にあった"進路を"自分で"選択した，という点が重要なのである。

　生徒の選択を優先し夢や希望を捨てないように指導する《希望・自己選択重視型》そして，生徒が自分で選択したことについては教員は何も言えないという《非進路強制型》の論理は，結局，"生徒の"希望や選択を尊重した論理であり，児童中心主義とパラレルな論理である。さらにこれらの論理は，無業者を輩出してしまっている文脈の中心に生起しており，《指導諦念型》的論理をも伴っている。まさに，宮澤康人による「児童中心主義は，むしろ，近代の大人たちが直面した絶望の産物と見るほうが，真実に近いのではあるまいか」(宮澤 1998: 38) という問題提起を彷彿とさせる状況であろう。"自分にあった目標をもたせること"という，学校教育における進路指導「理論」——進路指導だけではなく，他の場面においても目標を持たせることは学校教育の重要な役割として認識されてはいないだろうか——が内包する基底的な問題がここに見え隠れするのである。

　〔付記〕本章は，諸田裕子，2000,「進路としての無業者——教師の認識と指導『理論』」耳塚寛明編『高卒無業者の教育社会学的研究』(1999〜2000年度科学研究費補助金基盤研究 (C) 研究成果報告書) 第3章を再録したものである。本書の体裁にあわせて一部表記を変更した箇所がある。

参考文献
宮澤康人，1998,「児童中心主義の底流をさぐる——空虚にして魅惑する思想」『季刊子ども学』ベネッセ教育研究所，18, pp. 38-45.

第Ⅱ部　格差に挑む

第5章

親の学歴期待と子の学歴希望・教育達成
―変化するなかでの関係性および階層差―

王　杰（傑）

1. はじめに[1]

　今世紀の初頭，日本では青少年の学歴希望について横断的研究を中心に数多くの先行研究が蓄積されてきた（尾嶋 2002; 荒牧 2002; 中村ほか 2002; 片瀬 2005; 耳塚 2006; 中島 2006; 朴澤 2007; 小林 2007; 藤村 2009; 王 2011, 2012 など）。青少年の学歴希望の変化については，近年中村高康編著（2010），王杰（2013），王傑（2015a），王杰（傑）（2015b）の研究が挙げられる。親の学歴期待，親の学歴期待と子の学歴希望との関係性に注目する研究もいくつかある（中村ほか 2002; 阿部・村山 2009 など）。しかし，子どもの学歴希望，ひいては教育達成と同一の子どもに対する親の学歴期待との関係性を動態的に考察する研究は皆無に等しい。そこには学歴に対する希望・期待の加熱冷却だけでなく，階層問題も絡む。

　このブラックボックスを明らかにするには，幼児期から社会人になった後の一定期間にかけて，親子ペアの調査を定期的に実施する必要がある。むろん，容易にできる調査ではない。実施する側による予算やマンパワーの継続的投入が不可欠なだけでなく，対象者に調査を複数回依頼するため，時間的・心理的負担をかけてしまう。多くの国では，このような膨大なコストが必要とされる追跡調査の取り組みが遅れている。日本の場合，「青少年期から成人期への移行についての追跡的研究」（Japan Education Longitudinal Study, 以下 JELS)[2] が，

長年にわたって貴重な親子ペアのパネルデータを収集している。

本章では，JELS が 14 年間の歳月をかけて，関東地方の A エリアで収集した親子ペアのパネルデータを用いて，子どもに対する親の学歴期待の変化と子の学歴希望の変化・初期教育達成との関係性やそこに存在する階層差を動態的に考察することを研究の目的とする。

2. 使用するパネルデータ

(1) 調査エリアとデータ収集の概要

A エリアは，関東地方にある人口約 25 万人の中都市である。2003 年に第一波調査を実施する際，市内の公立小中学校から約半数を抽出し，学校を通して小 3，小 6 と中 3 の親子および担任に各種調査を依頼した。同エリアに所在する公立高校の高 3 も調査に参加した。その後，同じ学校の同じ学年を対象に，学力や親子質問紙調査を 3 年ごとに計 2 回実施した。さらに 2016 年に，2003 年調査の小 3 コーホートと小 6 コーホートに限定し，幼児期の養育環境や初期教育達成について親を対象に郵送調査を実施した。具体的には，同小 3 コーホートを対象に小 3，小 6，中 3 時に学力調査と親子ペアの質問紙調査を，さらに 2016 年（対象者が 22 歳になる年）に親を対象に質問紙調査を実施した。同小 6 コーホートを対象に小 6，中 3 時に学力調査と親子ペアの質問紙調査を，高 3 時に生徒質問紙調査を，2016 年（対象者が 25 歳になる年）には小 3 コーホート同様，親を対象に質問紙調査を実施した。本章では，上記 2 つのコーホートから収集したパネルデータを分析するが，2016 年の調査で幼児期の学歴期待と子の初期教育達成を回答した家庭に着目する。なお，2016 年保護者調査では JELS 2003 小 3 コーホートの 282 家庭から，小 6 コーホートの 188 家庭から有効回答を得られている。

2 つのコーホートを対象に実施した各種質問紙調査の設問は完全に同じではないものの，親の学歴期待と子どもの学歴希望について，それぞれ複数回の回答が得られている。2 つのパネルデータにおいて，親が各時点の調査で回答した学歴期待および子の初期教育達成，子どもが回答した学歴希望の状況は表 5-1 に示す。そのなかで，小 3 コーホートの小 3・中 3 時の保護者の回答者

表 5-1　使用するデータセットと関係設問の回答状況

JELS 2003 の小 3 コーホートパネルデータ

	幼児期	小 3 時	小 6 時	中 3 時	22 歳時
親の学歴期待	282	115	282	144	
子の学歴希望・初期教育達成			281	210	282

JELS 2003 の小 6 コーホートパネルデータ

	幼児期	小 6 時	中 3 時	高 3 時	25 歳時
親の学歴期待	188	188	124		
子の学歴希望・初期教育達成		188	157	59	188

数と小 6 コーホートの子どもの高 3 時回答者数が目立って少ない。前者の場合，子どものほぼ全員が 2 時点の質問紙調査と学力調査に参加したため，保護者の回答有無と子の性別や学力調査の正解率との関連性を確認したところ，統計的に有意な差が見られなかった。後者の場合も，高 3 時の回答有無と性別や小 6・中 3 時の学力調査の正解率との関連性を確認してみたが，同じく統計的に有意な差が見られなかった[3]。そのため，これらの回答の脱落は分析にさほど影響を与えないと判断した。

(2) データセットのバイアスについて

2 つのコーホートでは，小中学校，高校在学中に実施した児童生徒質問紙調査は学校を通して配布回収できたが，保護者調査は郵送で回収したため，回収率が 22 ～ 46％にとどまった。また，2016 年に実施した保護者郵送調査の回収率も低かった。一般的に，積極的に調査に協力する保護者集団に何らかの階層的偏りがある。親の学歴期待を重要な考察対象とする本章にとって，このバイアスの影響は看過できない。そして，2016 年保護者調査の回答有無のバイアスを検証したところ，「2016 年調査回答なし」グループと比べ，「2016 年調査回答あり」グループの子どもの小中学校時の算数・数学の学力が比較的高く，親の大卒以上の比率が比較的高く，小中学校調査時の家庭年収も中高所得層の比率が比較的高いことがわかった[4]。

データのバイアスに関して次のような対処を試みる。1 つは，数字（パーセンテージを含む）の大きさより，数字と数字との比較から傾向を読み取ること

である。もう1つは，家庭の社会経済的地位をカテゴリー化し，階層間比較を行うことである。

3. 2つのコーホートの分析結果

(1) JELS 2003 小3コーホートのパネルデータから
①親の学歴期待の変化，子の学歴希望の変化および初期教育達成

親が各時点で回答した対象の子どもへの学歴期待の分布は表5-2のとおりである。学歴のカテゴリーについて，幼児期の質問では「4年制大学」が設けられているのに対して，小3，小6と中3時点では4年制大学を「普通の大学」と「難関の大学」に分けて質問している。大雑把に比較すると，まず親が対象の子どもに「中学校・高等学校」の学歴を期待する割合は10%前後で，幼児期と小中学校時の期待率にわずかな変化しかない。幼児期と比べ，小中学校時に対象の子どもに「専門学校・各種学校」の学歴を期待する比率が数パーセント上昇し，4年制大学（小3，小6，中3時の場合，「普通の大学」と「難関の大学」の比率の和）を期待する比率は71.3%から62.6%，63.8%，65.3%に変化している。

表5-2の「その他」と「無回答」を除外し，「高校以下」，「短期大学等」，「4年制大学以上」にまとめると，幼児期と比べ小中学校時の「高校以下」の期待率がわずかに増え，「短期大学等」と「4年制大学以上」の期待率がわずかに増減する（図表略）。全体として，対象の子どもへの親の学歴期待は比較的早期から形成していて，10年ほどの間に大きく変化していないと言ってもよい。

対象の子どもの小6，中3時の学歴希望と22歳時の初期教育達成（表5-3）を見ると，「中学校・高等学校」の希望率は小6時の25.3%から中3時の18.1%に減少している。22歳時の最終学歴が「中学校・高等学校」である比率はさらに12.4%に減少している。「専門学校・各種学校」の小6時希望率は中3時に数パーセント減少したが，22歳時の初期教育達成に近い。「4年制大学」の希望率は小6時の45.9%から中3時の64.8%へと大きく上昇したが，22歳時の教育達成では57.1%にとどまる。総じていうと，小6時の学歴希望と比べ，中3時の学歴希望と22歳時の教育達成は高学歴化している。

表 5-2　親の学歴期待の変化

	中学校・高等学校	専門学校・各種学校	短期大学・高等専門学校	4年制大学		大学院	その他	無回答	合計
幼児期	11.0	5.0	5.7	71.3		1.1	3.5	2.5	100.0
	中学校・高等学校	専門学校・各種学校	短期大学・高等専門学校	普通の大学	難関の大学	大学院	その他	無回答	合計
小3時	11.3	8.7	7.0	49.6	13.0	2.6	7.0	0.9	100.0
小6時	8.5	10.3	8.2	47.5	16.3	5.0	4.3	0.0	100.0
中3時	10.4	8.3	5.6	47.9	17.4	2.8	1.4	6.3	100.0

表 5-3　子の学歴希望・初期教育達成

	中学校・高等学校	専門学校・各種学校	短期大学・高等専門学校	4年制大学	大学院	その他	無回答	合計
小6時	25.3	12.8	4.3	45.9	3.9	1.1	6.8	100.0
中3時	18.1	8.1	2.9	64.8	4.3	1.0	1.0	100.0
22歳時の教育達成	12.4	11.7	7.1	57.1	6.0	3.2	2.5	100.0

表 5-4　幼児期の学歴期待と子の初期教育達成

	中学校・高等学校	専門学校・各種学校	短期大学・高等専門学校	4年制大学	大学院	その他	無回答	合計
幼児期の学歴期待	11.0	5.0	5.7	71.3	1.1	3.5	2.5	100.0
22歳時の教育達成	12.4	11.7	7.1	57.1	6.0	3.2	2.5	100.0

　さらに，親の幼児期の子への学歴期待と子の22歳時の教育達成（表5-4）を比較すると，「中学校・高等学校」と「短期大学・高等専門学校」の比率にわずかな差しかなく，「専門学校・各種学校」の期待率は実際の教育達成ほど高くない。一方，「4年制大学」の達成率は57.1％で，幼児期の71.3％の期待率を大きく下回っている。「大学院」と合わせて「4年制大学以上」にすれば，二者の差が小さくなる。

②親の学歴期待と子の学歴希望・初期教育達成との相関

　二者の関係性をよりわかりやすくするために，各時点で入手した親の学歴期待と子の学歴希望・初期教育達成を教育年数に変換し，親の学歴期待と子の学

表 5-5　親の学歴期待と子の学歴希望・教育達成との相関

		親の学歴期待			
		幼児期	小3時	小6時	中3時
子の学歴希望・初期教育達成	小6時の学歴希望	.374***	.446***	.422***	.473***
	中3時の学歴希望	.472***	.621***	.445***	.717***
	22歳時の教育達成	.487***	.444***	.426***	.612***

***P＜.001
注）学歴期待と学歴希望の回答が「その他」である場合，欠損値にしている。

歴希望・初期教育達成との相関係数を計算してみた。表5-5が示すように，すべての係数が統計的に有意である。そのなかで，中3時の親の学歴期待と子の学歴希望との相関係数が最も大きく0.717であり，次に相関係数が大きいのは小3時の親の学歴期待と中3時の子の学歴希望との0.621である。子の22歳時の教育達成は中3時の親の学歴期待との相関係数が0.612と大きく，幼児期の学歴期待との相関係数も0.487である。幼児期か小中学校時かを問わず，親の学歴期待は子の20代前半の教育達成と正の強い相関をもつ。また，幼児期の学歴期待は子の小中学校時の学歴希望と有意に相関することから，親の幼児への学歴期待が子の学歴希望の形成に何らかの影響を及ぼす可能性があると推し量る。

③階層の視点を取り入れた分析結果

　前述したように，本章が使用するパネルデータには一定のバイアスがある。そのため，親が高等教育を受けたかどうか，および，所得階層別に親の学歴期待の変化と子の22歳時の教育達成の状況を見てみる。

　図5-1は親が何らかの高等教育を受けたグループ[5)]とそうでないグループ別にみた親の学歴期待・子の教育達成の「高校以下」の比率と「大学以上」の比率を示す。2グループ間の格差は一目瞭然である。「保護者高等教育経験なし」グループと比べ，「保護者高等教育経験あり」グループの「大学以上」の期待率はおおむね30〜50％ほど高く（2本の実線の比較），「高校以下」の期待率はおおむね30〜60％ほど低い（2本の破線の比較）。それに対して，2つのグループの教育達成の差は大きく縮小している。とはいっても，「大学以上」の割合に24.3％の開き，「高校以下」の割合に18.7％の開きが依然残る。

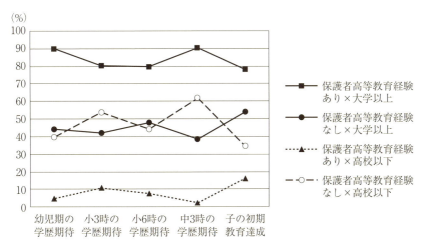

図 5-1 親の高等教育経験と「大学以上」,「高校以下」の期待率・達成率

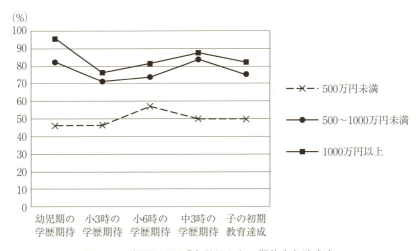

図 5-2 所得階層別「大学以上」の期待率と達成率

　所得階層について小3時に入手した家庭年収を用いて, 500万円未満, 500～1000万円未満および1000万円以上という3つの階層に区分した. それぞれの占める割合は14.4％, 62.5％と23.1％である. 所得階層別にみた親の「大学以上」を期待する割合と子の初期教育達成の「大学以上」の割合を図5-2に示

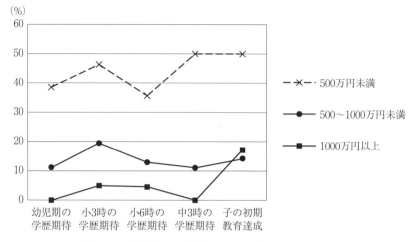

図 5-3　所得階層別「高校以下」の期待率と達成率

す。本調査の対象は比較的裕福で大学進学率の高いエリアであるにもかかわらず、上の所得層と比べ、年収500万円未満の家庭の「大学以上」の期待率は50％前後と相対的に低く、初期教育達成も同じ水準にある。家庭年収500～1000万円未満の層は1000万円以上の所得層と比べ、「大学以上」の期待率も実際の達成率もやや低いが、大きな差ではなく、500万円未満層との開きのほうが大きい。

所得階層別にみた「高校以下」の期待率と達成率（図5-3）は逆に、家庭年収500万円未満の層の比率がいずれの時点において最も高く、中3時の期待率と実際の達成率は50％と高い。家庭年収500～1000万円未満の層の「高校以下」の期待率は1000万円以上の層より高いが、教育達成の時点で逆転現象が示される。この点について、サンプル数が少ないなかに、特殊ケースが入っているためではないかと推測される。小6時に入手した世帯所得からみた場合、2つの階層の「高校以下」の達成率に差が小さく、逆転していない。

(2) JELS2003 小6コーホートのパネルデータから
①親の学歴期待の変化、子の学歴希望の変化および初期教育達成

もう1つのコーホート、すなわちJELS 2003 小6コーホートの親が回答し

表5-6　親の学歴期待の変化

	中学校・高等学校	専門学校・各種学校	短期大学・高等専門学校	4年制大学		大学院	その他	無回答	合計
幼児期	5.9	3.2	6.4	79.3		1.6	1.1	2.7	100.0
	中学校・高等学校	専門学校・各種学校	短期大学・高等専門学校	普通の大学	難関の大学	大学院	その他	無回答	合計
小6時	5.3	5.9	5.9	58.5	14.9	4.3	4.3	1.1	100.0
中3時	5.6	8.9	4.0	55.6	15.3	4.8	4.8	0.8	100.0

表5-7　子の学歴希望・初期教育達成

	中学校・高等学校	専門学校・各種学校	短期大学・高等専門学校	4年制大学	大学院	その他	無回答	合計
小6時	17.5	19.1	4.3	50.5	5.3	1.1	2.1	100.0
中3時	10.8	14.6	4.5	63.1	3.2	1.9	1.9	100.0
高3時	11.9	10.2	6.8	62.7	6.8	1.7	0.0	100.0
25歳時の教育達成	8.5	7.4	5.9	63.8	9.0	3.2	2.1	100.0

た対象の子への幼児期，小6時，中3時の学歴期待は表5-6に示す。このコーホートの場合，「中学校・高等学校」の割合は5〜6％に安定している。「専門学校・各種学校」について，幼児期より小中学校2時点の期待率がやや高く，「短期大学・高等専門学校」は逆に幼児期より小中学校2時点の期待率がわずかに低い。「4年制大学」の期待率は幼児期79.3％，小6時73.4％，中3時70.9％というように減少している。

表5-6の中の「その他」と「無回答」を除き，「高校以下」，「短期大学等」，「4年制大学以上」にまとめると，「高校以下」期待率の緩やかな増加と「4年制大学以上」期待率の緩やかな減少が読み取れる（図表略）。

このコーホートの子どもの小6，中3と高3時の学歴希望，および25歳時の教育達成（表5-7）をみると，「中学校・高等学校」の希望率は小6時の17.5％から中3時の10.8％，高3時の11.9％へと増減し，25歳時点の教育達成では8.5％となっている。割合が違うものの，「専門学校・各種学校」の希望率も減少傾向にあり，25歳時の教育達成ではさらに小さくなっている。「4年制大学」の希望率は小6時の50.5％から中3時の63.1％，高3時の62.7％へと増加し，

第5章　親の学歴期待と子の学歴希望・教育達成

表 5-8 幼児期の学歴期待と子の初期教育達成

	中学校・高等学校	専門学校・各種学校	短期大学・高等専門学校	4年制大学	大学院	その他	無回答	合計
幼児期の学歴期待	5.9	3.2	6.4	79.3	1.6	1.1	2.7	100.0
25歳時の教育達成	8.5	7.4	5.9	63.8	9.0	3.2	2.1	100.0

25歳時の教育達成では63.8％に微増しているが,「4年制大学」と「大学院」を合わせた「4年制大学以上」の割合は,小6時の55.8％から25歳時教育達成の72.8％へと大きく増加している。学年の上昇に伴った子どもの学歴希望の加熱傾向は,どのコーホートのデータからも確認される。

幼児期の子への親の学歴期待と子の25歳時の教育達成（表5-8）を比較すると,「中学校・高等学校」,「専門学校・各種学校」と「大学院」の割合はいずれも一桁であるが,25歳時の教育達成のパーセンテージが大きい。親の「4年制大学」の期待率は79.3％であるのに対して,子の達成率は63.8％にとどまるが,「大学院」と合わせて「4年制大学以上」にすると,二者の差が8.1％に縮小する。

②親の学歴期待と子の学歴希望・初期教育達成との相関

このコーホートにおいても,各時点の親の学歴期待と子の学歴希望・初期教育達成との相関係数はいずれも統計的に顕著に有意である（表5-9）。相関係数の値が最も大きいのは中3時の学歴期待と25歳時の教育達成の0.622であり,次は中3時の学歴期待と高3時の学歴希望の0.553,中3時の学歴期待と中3時の学歴希望の0.534である。25歳時の教育達成は中3時の学歴期待だけでなく,幼児期と小6時の学歴期待とも強く相関する。このコーホートのデータからも,各時点の学歴期待と子の初期教育達成,それから幼児期の学歴期待と各時点の子どもの学歴希望との正の相関が示される。

③階層の視点を取り入れた分析結果

前のコーホートの分析と同じ視点から,「保護者高等教育経験なし」と「保護者高等教育経験あり」のグループ別に,幼児期,小6時と中3時に親が「高

表 5-9 親の学歴期待と子の学歴希望・教育達成との相関

		親の学歴期待		
		幼児期	小6時	中3時
子の学歴希望・初期教育達成	小6時の学歴希望	.212**	.332***	.422***
	中3時の学歴希望	.358***	.280**	.534***
	高3時の学歴希望	.481***	.434**	.553***
	25歳時の教育達成	.451***	.375***	.622***

*** P<.001, ** P<.01
注) 学歴期待と学歴希望の回答が「その他」である場合、欠損値にしている。

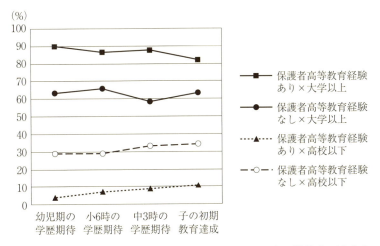

図 5-4 親の高等教育経験と「大学以上」,「高校以下」の期待率・達成率

校以下」を期待した割合と「大学以上」を期待した割合を示す（図5-4）。その結果,「保護者高等教育経験なし」グループと比べ,「保護者高等教育経験あり」グループの「大学以上」の期待率がおおむね20～30％ほど高く,「高校以下」の期待率が20％以上低い。さらに初期教育達成をみると, 2グループ間の「大学以上」の開きはやや縮小しているが,「高校以下」の割合の差は親の3時点での期待率とほぼ同じレベルの格差状態にある。

3つの所得階層別にみた親の「大学以上」への期待率と子の「大学以上」の達成率を図5-5に示す。このコーホートの場合, 幼児期の子への学歴期待では, 年収500万円未満の家庭と500～1000万円未満の家庭との間にわずかな差し

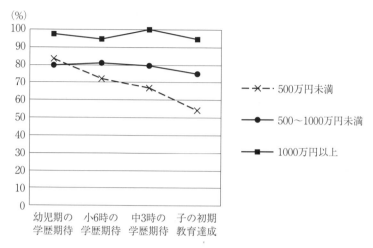

図 5-5　所得階層別「大学以上」の期待率と達成率

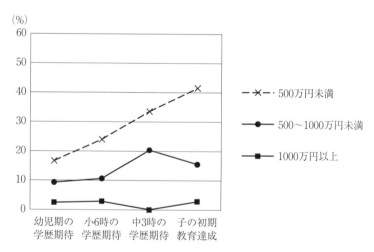

図 5-6　所得階層別「高校以下」の期待率と達成率

かなく，それぞれの期待率は約 80％であるが，その後，年収 500 万円未満層の「大学以上」の期待率が大きく減少し，達成率がさらに 50％台に低下したのに対して，500～1000 万円未満層の「大学以上」の期待率は 80％前後に安定し，達成率もわずかだけ低くなっている。年収 1000 万円以上の家庭の「大

学以上」の期待率と達成率は一貫して95％以上というきわめて高い水準にある。

　所得階層別にみた「高校以下」への親の期待率と子の達成率は図5-6となる。このコーホートの場合，家庭年収500万円未満層の「高校以下」の期待率は幼児期の16.7％から小6時の24.0％，中3時の33.4％へと大きく上昇している。初期教育達成の「高校以下」の割合（41.7％）はさらに大きい。年収500～1000万円である家庭の「高校以下」を期待する割合は，中3時点で幼児期と小6時の10％台から20％に上昇したが，実際の教育達成では15％程度に下がった。年収1000万円以上の家庭の場合，「高校以下」の期待率も達成率も5％を下回っている。

4．知見のまとめと考察

　以下では，2つのコーホートのパネルデータから得た結果を比較しながら，知見の整理と抽出をする。

　2つのコーホートの親の学歴期待の分布に違いが見られた一方，その縦断的変化から共通点を読み取ることもできる。「中学校・高等学校」と「短期大学・高等専門学校」の期待率はわずかに増減し，「専門学校・各種学校」と「大学院」の期待率は，やや増加傾向にある。「大学院」への期待増の影響もあり，「4年制大学」の期待率はどのコーホートにおいても，幼児期と比べ小中学校時の比率がやや低下している。総じて，調査期間中のAエリアでは，「4年制大学以上」への親の期待率は7, 8割を超えるほど高く，「高校以下」が第2の選択肢になっている。親の学歴期待に一定の変化を見せたものの，大きな変化ではない。

　子どもの学歴希望の変化について，2つのコーホートからおおむね同じ傾向が示された。「高校以下」の希望率は学年の上昇に伴い減少し，初期教育達成の比率ではさらに小さくなっている。また学年の上昇に伴い，「4年制大学以上」の希望率が上昇している。ただし，小6コーホートの「4年制大学以上」の達成率は中3時と高3時の希望率を上回ったが，小3コーホートの場合，中3時の希望率を下回った。親の学歴期待と比べると，子どもの学歴希望の変化が比較的大きく，かつ加熱傾向にある。

2つのコーホートのパネルデータから，各時点の学歴期待と小中（高等）学校時の子どもの学歴希望との正の相関，各時点の学歴期待と子どもの20代前半の初期教育達成との正の相関が確認された。親の学歴期待と子の学歴希望はそれぞれ変化するとはいえ，一貫して顕著な相関関係にある。親の学歴期待，とりわけ幼児期の子への学歴期待はどのような養育行動とプロセスを経由して，子の学歴希望の形成に影響を及ぼしているか，さらにどのようなメカニズムを経由して子の教育達成につながるかの検証は研究課題として浮き上がる。

　親の幼児期の子への学歴期待と子の初期教育達成を比較した結果，どのコーホートをみても，幼児期の子に「4年制大学以上」の学歴を期待した割合が実際の子の教育達成を上回っている。「中学校・高等学校」と「短期大学・高等専門学校」の比率にわずかな差しかなく，「専門学校・各種学校」の達成率が親の当時の期待率を上回る。さらに階層の視点を導入し，親の教育水準別，所得階層別に学歴期待の変化と子の教育達成を追ったところ，以下の結論が得られた。

　保護者が高等教育の経験を有しないグループと比べ，何らかの高等教育経験をもつグループは子どもに「大学以上」の学歴を期待する比率が20％台またはそれ以上高く，「高校以下」を期待する比率が明らかに低い。学歴期待のグループ間格差に縮小と拡大があるものの，格差が存在し続けている。子の初期教育達成では，2つのグループの「大学以上」の割合に親の学歴期待ほどの差が見られず，格差が若干縮小している。

　所得階層別に親の学歴期待の変化を見た場合，「大学以上」の期待率にも「高校以下」の期待率にも持続的な格差が示された。年収500万円以下の家庭は中高所得層と比べ，「大学以上」の期待率が一貫して低く，「高校以下」の期待率が一貫して高い。とりわけ小6コーホートでは，家庭年収500万円以下層の「大学以上」期待率の低下と「高校以下」期待率の上昇，および子の教育達成の「大学以上」比率のさらなる低下，「高校以下」比率のさらなる上昇が目立つ。このコーホートからは，家庭の経済力による親の学歴期待の格差だけでなく，子の年齢の上昇に伴った格差の拡大も示される。子の教育達成の格差は所得階層による親の学歴期待の格差を上回るか，下回るかについて，2つのコーホートのデータから一致した傾向が示されていない。とはいえ，高所得層の

一貫した高学歴への高い期待率と実際の高い達成率，低所得層の高学歴への低い期待率と横ばい・低下および低学歴期待率の上昇，初期教育達成における劣勢は明白である。

耳塚（2007）が「富＋願望＝学力」という式で「業績主義の衣をまとった不平等」を指摘して久しい。式中の願望は親の学歴期待を指す。本章の分析結果から「富・教育水準＋願望＝学歴」という属性主義的方程式に単純化できるかは熟考を要するが，家庭の文化的経済的環境と親の願望はいつごろから，いかにして子の学歴希望と学力形成に影響を与え，子の教育達成につながるかのメカニズムの解明は依然課題だと示唆される。

最後に，本章はあくまでも関東地方のAエリアで収集した2つのコーホートのパネルデータの分析結果を提示したに過ぎない。貴重なデータセットであるものの，そこには社会経済的地位の比較的高い層への偏りがあり，追跡できた家庭の数も決して多くない。2つのコーホートから得られた分析結果も一致しない部分がある。これらの限界に制約される本章の知見が，異なる地域のまたは全国的なパネルデータからどの程度検証されるか，関連研究の蓄積を大いに期待する。

註

1) 本章は執筆者が「保護者の学歴期待への接近——親子ペアの追跡調査から」（『青少年期から成人期への移行についての追跡的研究 JELS第19集 細分析論文集（7）』2018年3月）を大幅に加筆修正したものである。
2) JELSの詳細については，本書第2章註4) を参照のこと。なお，本章が使用したパネルデータは，お茶の水女子大学21世紀COEプログラム「誕生から死までの人間発達科学」（2002～06年度，研究代表：内田伸子），グローバルCOEプログラム「格差センシティブな人間発達科学の創成」（2007～11年度，研究代表：耳塚寛明），科学研究費補助金基盤研究（B）15H03484「青少年期から成人期への移行についての追跡的研究（第5次）——就学前環境と養育行動」（2015～17年度，研究代表：耳塚寛明）などが関東地方のAエリアで収集したデータを接続したものであり，その研究成果の一部となる。関係者に心よりお礼を申し上げる。
3) 小3コーホートの小3時と中3時の保護者回答有無によるバイアス推定も，小6コーホートの高3時回答有無のバイアス推定もPearsonのカイ2乗検定を用いた。それぞれ282家庭と188家庭のパネルデータにおける検証で

ある。使用するパネルデータのコーホート全体における位置づけは註4）参照。
4) ここでは，2016年保護者調査の回答有無と各年度に実施した学力調査，保護者質問紙調査の母集団ベースの各指標の回答との関連性を確認した。たとえば，JELS2003小3コーホートの場合，小3時と小6時にそれぞれ1,121名，1,116名の児童が算数の学力調査に，247名，509名の保護者が質問紙調査に参加した。小6コーホートの場合は小6時と中3時にそれぞれ1,147名，1,007名の児童生徒が算数・数学学力調査に，298名，443名の保護者が質問紙調査に参加した。2つのコーホートからおおむね同じ傾向のバイアスが確認されている。
5) 「保護者高等教育経験あり」グループとは，父親または母親が何らかの高等教育を受けたグループのことを指す。両親とも高等教育の経験をもっていない場合，「保護者高等教育経験なし」グループとなる。

参考文献

阿部晃士・村山詩帆，2009,「高校生の進路志望と親からの教育期待の時系列的分析」木村邦博編『教育と社会に対する高校生の意識――第6次調査報告書』東北大学教育文化研究会．

荒牧草平，2002,「現代高校生の学習意欲と進路希望の形成――出身階層と価値志向の効果に注目して」『教育社会学研究』第71集，pp. 5-23．

藤村正司，2009,「大学進学における所得格差と高等教育政策の可能性」『教育社会学研究』第85集，pp. 27-47．

朴澤康男，2007,「保護者の願う進路と政策――第1回調査結果（保護者）」,「高校卒業時の進路と意識――第2回調査結果」『高校生の進路追跡結果　第1次報告書』東京大学大学院教育学研究科大学経営・政策研究センター，pp. 48-80．

片瀬一男，2005,『夢の行方――高校生の教育・職業アスピレーションの変容』東北大学出版会．

小林雅之，2007,「高校生の進路選択の要因分析」大学経営・政策研究センター，ワーキングペーパー．

耳塚寛明，2006,「教育アスピレーションの規定要因」『青少年期から成人期への移行についての追跡的研究 JELS第8集――Cエリア基礎年次調査報告』お茶の水女子大学，pp. 31-36．

耳塚寛明，2007,「小学校学力格差に挑む だれが学力を獲得するのか」『教育社会学研究』第80集，pp. 23-39．

中島ゆり，2006,「教育アスピレーションとジェンダー」『青少年期から成人期への移行についての追跡的研究 JELS第8集――Cエリア基礎年次調査報告』お茶の水女子大学，pp. 37-41．

中村高康・藤田武志・有田伸編著，2002，『学歴・選抜・学校の比較社会学』東洋館出版社．
中村高康編著，2010，『進路選択の過程と構造』ミネルヴァ書房．
尾嶋史明，2002，「社会階層と進路形成の変容──90年代の変化を考える」『教育社会学研究』第70集，pp. 125-142.
王杰（傑），2011，「高校3年生の進路希望とその規定要因の変化」『青少年期から成人期への移行についての追跡的研究 JELS第14集 Aエリア Wave 3 調査報告』お茶の水女子大学グローバルCOE，pp. 45-54.
王杰（傑），2012，「誰が高等教育へのアクセスを希望しないのか」『青少年期から成人期への移行についての追跡的研究 JELS第15集 Cエリア Wave 3 と香港調査報告』お茶の水女子大学グローバルCOE，pp. 51-59.
王杰，2013，「影响日本青少年学历期待纵向变化的原因分析」(「日本の青少年の学歴希望の縦断的変化に影響を与える諸要因」)，中日教育研究協会ジャーナル『中日教育論壇』第3期，pp. 46-54.
王傑，2015a，「青少年の学歴希望の縦断的変化と家庭的背景」小林雅之編著『教育費負担と学生に対する経済的支援のあり方に関する実証研究（大総センターものぐらふ 13）』東京大学大学総合教育研究センター，pp.129-146.
王杰（傑），2015b，「パネルデータからみる青少年の学歴希望の変化」『青少年期から成人期への移行についての追跡的研究 JELS第18集 細分析論文集（6）』お茶の水女子大学，pp. 23-33.
王杰（傑），2018，「保護者の学歴期待への接近──親子ペアの追跡調査から」『青少年期から成人期への移行についての追跡的研究 JELS第19集 細分析論文集（7）』お茶の水女子大学，pp. 35-46.

第6章
我が子に対する学歴期待と自身の大学時代の学びや成長
―大学既卒者に対する大規模調査に基づいて―

望月　由起

1. 問題背景

　教育が人々の社会経済的地位を左右する有力な社会移動の手段や機会であることは，一種の定説となっている。橘木俊詔・八木匡（2009）は，学歴が高ければ，よい職業に就き，高い所得を稼得できることは，ほぼすべての国で観測される事実であり，日本では高い教育を受けた人の受ける利益が以前より高くなっており，いわゆる銘柄大学の出身者の利益も高いことを示している。

　久冨善之（2007）の指摘にもあるように，教育の営みという文化領域は，格差問題にとっての1つの結び目になるような重要な位置を占めており，中でも，幼児教育から各学校段階，高等教育までの諸教育機関の今日的なあり方が，そこでの算出（学習者たちの学力・進路・キャリア・逸脱などを含めて）を通して，家族・地域間の格差と底辺の広がりを事実上再生産する働きをしている。

　そのカギを握るのは，親の我が子に対する教育期待[1]ではなかろうか。安全，学力，情操，将来の進路など，我が子にできるだけよい教育環境を与えたいというのは，多くの親の願いであろう。ウィスコンシン・モデルでは，子どもの教育期待に影響を与える存在として，親を「重要な他者（significant others）」とみなしているが，近年の日本社会を「ペアレントクラシー社会」として捉え，さらなる格差社会化へ向かうことを懸念する指摘も目立つ。

　ブラウン（Brown, P）（1995=2005）は，市場化された社会における教育選抜は，

本人の能力や努力といった「業績」よりも，親の富や願望といった「ペアレントクラシー（parent 親 + cracy 支配）」をベースとしたものへと変質するという。天童睦子（2004）によれば，ペアレントクラシーとは，親の財（資本）と教育意識（意欲と選好）次第で子どもの教育達成に格差が生まれる，新たな「属性主義」の生成という不平等の再生産のメカニズムを示唆する概念である。

耳塚寛明（2007）は，親の富（学校外教育費支出，世帯所得）と願望（学歴期待）が子どもの学力を規定するという意味で，日本社会もペアレントクラシーへの道を歩んでいるという。家庭の経済力を背景として，親の教育期待が，家庭の教育戦略として我が子の教育選抜，社会経済的地位達成に強く影響し，さらなる格差社会化へとつながる可能性も考えられる。望月由起（2011）は，かねてとは異なり，現代の私立小学校受験の拡大の背景には，中学受験を経て，国公立大学を含めた難関大学進学への教育期待があることを明らかにしている。

教育期待に関する研究は，主に高校生自身の教育期待を形成する諸要因を明らかにしてきた。しかし教育に関する子どもの意思決定に対する親の影響は決定的要因であり（宮寺 2006），ペアレントクラシー社会への移行が進む中で，親の教育期待の影響はますます看過できないものとなっている。親の教育期待に目を向けた研究の多くは，親の職業，収入とともに学歴にも着目している。しかし，そのほとんどすべては学歴が意味するレッテルや教育年数に着目しており，その中身である「学びの経験」については十分に言及されていない。たとえば親が大学を卒業し，そこでの学びを経験している場合，その経験が我が子に対する大卒学歴期待に何らかの影響を与えることはないのだろうか。

こうした問題関心から，本章では，ベネッセ教育総合研究所による「大学での学びと成長[2]に関するふりかえり調査」に基づき，「自身の大学での学びの経験は，我が子に対する学歴，特に大学卒業以上の学歴期待にいかに影響しうるのか」を明らかにする。大学を卒業した親が「自身の大学での学びに対して，いかなる充実感や成長実感があるのか」を確認した上で，「我が子にいかなる学歴を期待しているのか」「我が子の大学選択でいかなる点を重視しているのか」「大学に対していかなる価値づけをしているのか」などとの関連をみていく。

2. 調査の概要

　以下にて，ベネッセ教育総合研究所による「大学での学びと成長に関するふりかえり調査」（以降，本調査とする）の目的や方法[3]とともに，本章で分析対象とする対象者や項目についても示していく。

(1) 調査目的
　本調査の目的は，大学において1990年代以降に行われたさまざまな制度・組織の改革により，「大学教育はどのように変化を遂げたのか」「大学教育は，学生に学習成果をもたらし，卒業後の人生に貢献できているのか」といった点を明らかにし，これまでの大学教育改革をふりかえるとともに，今後の大学教育の在り方を検討することである。

(2) 調査方法および分析の対象・項目
◎調査対象：
　本調査では，23～34歳，40～55歳の短期大学，4年制大学，6年制大学を卒業した者19,833名を調査対象としている。本章では，40～55歳8,220名のうち，4年制大学以上を卒業し，高校3年生以下に第1子[4]がいる2,426名（男性2,119名，女性307名）を分析対象とする[5]。
◎調査方法：インターネット調査
◎調査時期：① 2015年3月12日～13日，② 2015年5月1日～8日
◎主な調査項目：
〈学生時代のふりかえり〉
　大学入学理由／教職員とのつながり／大学での学習／大学の設備・制度の利用／大学時代の経験／大学教育に対する印象／大学での学習成果　など
〈現在の考えや状況〉
　職業／就労経験／キャリア観／大学教育に対する考え／卒業大学への思い／キャリアの成熟度／現在の自己効力感　など

　本章では，学生時代の「学びの充実度」「成長実感」，現在の「我が子への学

表6-1 分析対象者の最終学歴 (%)

	四年制大学	六年制大学	大学院卒	海外の大学 または大学院卒
男性 (N=2,119)	88.7	2.5	8.6	0.2
女性 (N=307)	91.9	2.3	5.2	0.7
全体 (N=2,426)	89.1	2.5	8.2	0.3

表6-2 大学時代全体を通しての「学びの充実度」 (%)

	とても 充実していた	まあ 充実していた	あまり充実して いなかった	まったく充実して いなかった
男性 (N=2,119)	13.4	57.4	24.2	4.9
女性 (N=307)	22.8	63.5	11.7	2.0
全体 (N=2,426)	14.6	58.2	22.6	4.5

表6-3 大学時代全体を通しての「成長実感」 (%)

	とても 実感した	まあ 実感した	あまり実感 しなかった	まったく実感 しなかった
男性 (N=2,119)	15.5	58.4	23.1	3.0
女性 (N=307)	19.5	65.1	13.0	2.3
全体 (N=2,426)	16.0	59.3	21.8	2.9

歴期待」「我が子の大学選択基準」「大学に対する価値づけ」などに関わる項目を分析対象として主に取り上げる。

(3) 分析対象者の「学歴」「大学時代の充実度と成長実感」

まず本章の分析対象者の最終学歴を示したものが，表6-1である。全体のおよそ9割が4年制大学卒業者であるが，大学院を卒業した者も8%程度含まれている。

では，彼らは大学時代の学びに対していかなる充実度を感じ，いかなる成長実感を持っているのだろうか。本章の分析対象者の大学時代全体を通しての「学びの充実度」が表6-2，「成長実感」が表6-3である。

表6-2からは「とても充実していた」「まあ充実していた」が全体の72.8%，

表6-3 からは「とても実感した」「まあ実感した」が全体の75.3％であり，およそ4分の3程度の分析対象者が大学時代の学びの充実度を感じていたり，成長実感を持っていることがわかる。特に女性にその傾向は強く，8～9割の女性が大学時代の学びの充実度を感じていたり，成長実感をもっている。両者には中程度の相関がみられることから（相関係数0.68，$p<0.01$），「学びが充実しており，成長した実感もある」者も少なからずいると思われる。

3. 我が子に対する学歴期待と大学に対する価値づけ

では彼らは我が子に対していかなる学歴期待をもち，大学にいかなる価値づけをしているのだろうか。

(1) 我が子に対する学歴期待

表6-4 は，我が子に対する大学卒業以上の学歴期待である。

「平成30年度（2018年度）学校基本調査」（文部科学省 2018）によれば，現在の大学（学部）入学志願率（現役）は57.1％であり，現役での大学（学部）進学率は49.7％，過年度卒を含めると53.3％である。表6-4 からは本章の分析対象者では，4年制大学卒業以上の学歴を我が子に期待する者は男女ともに7割を超えており，「期待しない」と明確に回答した者は男女ともに4％程度に過ぎない。さらにいえば，男性の58.2％，女性の57.9％は国公立大学を希望している。

これらのことより，4年制大学以上を卒業した本章の分析対象者は，我が子に期待する学歴が一般より高い傾向にあると考えられる。彼らの第1子は，未就学児が19.1％，小学生が34.3％を占めているにもかかわらず（註4参照），すでに自身の学歴と同等の学歴を期待している者が多いことがわかる。

(2) 我が子の大学選択で重視すること

では我が子の大学選択の際，彼らはいかなる点を重視するのだろうか。図6-1 は，本調査で設定した「我が子の大学選択で重視すること」11項目について，複数回答可として尋ねた結果を男女別（父親・母親別）に示したものであ

表6-4 我が子に対する大学卒業以上の学歴期待

(%)

	期待する	期待しない	どちらでもない わからない
男性 (N=2,119)	70.1	4.3	25.6
女性 (N=307)	74.3	3.9	21.8
全体 (N=2,426)	70.6	4.3	25.1

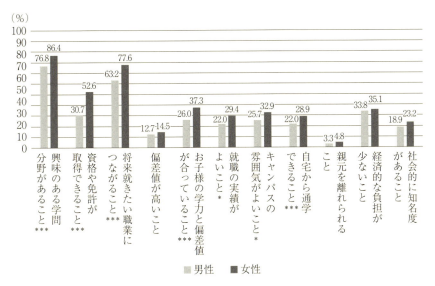

図6-1 我が子の大学選択で重視すること（男女別）

***p<.001，**p<.01，*p<.05

る。男女の回答に有意差が生じた場合には，その結果も示している。

　男女ともに最も高いのは「興味のある学問分野があること」だが，女性のほうが9.6ポイント高い（p<0.001）。それに次ぐ「将来就きたい職業につながること」では両者の差がより大きく，女性の方が14.4ポイントも高い（p<0.001）。

　これらに次いで重視することには，男女で違いがみられた。男性は「経済的な負担が少ないこと」が次いで高いが，男女による有意差が示されておらず，分析対象者の3分の1程度が重視している。その一方で女性では「資格や免許が取得できること」が「興味のある学問分野があること」「将来就きたい職業につながること」に次いで高く，男性と20ポイント以上もの開きがみられた

第6章　我が子に対する学歴期待と自身の大学時代の学びや成長　91

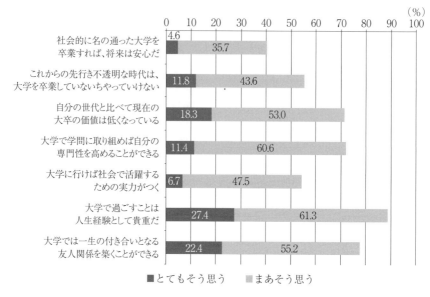

図6-2　大学に対する価値づけ（男性）

（p<0.001）。先の結果と合わせて考えると，女性は将来の職業やその専門性を見据えた大学選択を我が子にしていることがわかる。

(3) 大学に対する価値づけ

では，彼らは大学に対していかなる価値づけをしているのだろうか。本調査で設定した「大学の価値づけ」にかかわる7項目に対して4件法（「とてもそう思う」「まあそう思う」「あまりそう思わない」「まったくそう思わない」）で尋ねた結果，「とてもそう思う」「まあそう思う」との回答を得た率を示したものが図6-2（男性）と図6-3（女性）である。

図6-2と図6-3を比較すると，全体的に男女で大きな差がないことがわかる。男女ともに最も高いのは「大学で過ごすことは人生経験として貴重だ」であり，両者ともに約9割に達している。次いで「大学では一生の付き合いとなる友人関係を築くことができる」が高く，男女ともに約8割に及んでいる。しかしこの項目のみが男女で有意差が示されていることから（p<0.05），結婚や出産等により離職している場合もあり，男性以上に女性にとっては，大学は一生の付

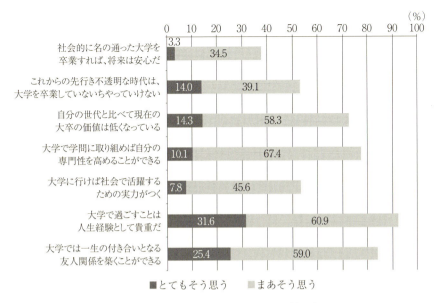

図 6-3　大学に対する価値づけ（女性）

き合いとなる友人関係を築くことのできる場であることが示唆されている。

　その一方で、「社会的に名の通った大学を卒業すれば、将来は安泰だ」は男女ともに4割程度にすぎない。大学に対するこうした価値づけは、我が子の大学選択で重視することにおいて（図6-1参照）、「社会的に知名度があること」や「偏差値が高いこと」が他の項目に比べて低いことにも影響しているのだろう。

4．大学時代の充実度・成長実感による我が子に対する学歴期待の相違

(1) 大学時代の充実度・成長実感によるパターン（群）

　以降の分析を行うにあたり、「大学時代全体を通しての学びの充実度」について「とても充実していた」「まあ充実していた」と回答した者を「高充実」群、「あまり充実していなかった」「まったく充実していなかった」と回答した者を「低充実」群とする。また、「大学時代全体を通しての成長実感」について「とても実感した」「まあ実感した」と回答した者を「高成長」群、「あまり

表6-5 大学時代の充実度・成長実感によるパターン（群）

	人数	パーセント
高充実×高成長	1,615	66.6
高充実×低成長	152	6.3
低充実×高成長	211	8.7
低充実×低成長	448	18.5

表6-6 大学時代の充実度・成長実感によるパターン（群）（男女別）
（％）

	高充実×高成長	高充実×低成長	低充実×高成長	低充実×低成長
男性（N=2,119）	64.6	6.3	9.3	19.8
女性（N=307）	80.1	6.2	4.6	9.1

実感しなかった」「まったく実感しなかった」と回答した者を「低成長」群とする。

　これらの組み合わせで4つのパターン（群）に分けた結果が，表6-5である。

　本章の分析対象者のおよそ3分の2は「高充実×高成長」群に該当する一方で，「低充実×低成長」群も2割弱程度みられる。また，「高充実×低成長」群，「低充実×高成長」群にそれぞれ6.3％，8.7％が該当しており，学びの充実度と成長実感が必ずしも重なり合っていないこともわかる。

　表6-6は，このパターン（群）を男女別に示したものである。

　先に，女性の方が大学時代の学びの充実度を感じていたり，成長実感を持っている傾向にあることを示したが（表6-2，表6-3参照），その傾向からも予想されるように，女性は「高充実×高成長」群では15.5ポイント高く，「低充実×低成長」群では10.7ポイント低い結果となった。

(2) 大学時代の充実度・成長実感による我が子に対する学歴期待

　では，このパターン（群）により，我が子に対する学歴期待にいかなる違いがあるのだろうか。我が子に対する大学卒業以上の学歴期待を先のパターン（群）別に示したものが表6-7である。

　大学卒業以上の学歴期待は「高充実×高成長」群において顕著に高く，同じ

表 6-7　大学時代の充実度・成長実感×大学卒業以上の学歴期待
(％)

	期待する	期待しない	どちらでもない わからない
高充実×高成長（N=1,615）	74.1	3.3	22.6
高充実×低成長（N=152）	60.5	3.9	35.5
低充実×高成長（N=211）	64.9	6.6	28.4
低充実×低成長（N=448）	64.3	6.7	29.0

「高充実」群でも成長実感に乏しい「高充実×低成長」群とは13.6ポイントもの差が開いている。「高充実×低成長」群では，他の群に比べて「どちらでもない，わからない」が目立ち，35.5％に及んでいる。

その一方で，大学卒業以上の学歴を期待してない者は，「高充実」群では成長実感の高低にかかわらず3～4％に過ぎないのに対し，「低充実」群では成長実感の高低にかかわらず6～7％もいる。この結果から，親が大学を卒業していても，我が子に同等の学歴を期待していない場合には，「自身の大学時代の学びの充実度」が影響している可能性がうかがえる。

(3) 大学時代の充実度・成長実感による我が子の大学選択で重視すること

　大学時代の充実度・成長実感により，我が子の大学選択で重視することにも違いはあるのだろうか。「我が子の大学選択で重視すること」11項目のうち，パターン（群）による有意差が見られた4項目を示したものが図6-4である。
　以下では各項目の最高値と最低値のパターン（群）に着目して，我が子の大学選択で重視することと自身の大学時代の充実度・成長実感についてみていく。
　まず「興味のある学問分野があること」は，同じ「高充実」群でも成長実感による差異が目立ち，成長実感が高い群の方が7.7ポイントも高い。我が子の大学選択で「在学中の学びに対する興味」を重視する親は，大学時代の学びの充実度が高く，かつ，成長実感ももっている傾向にあることがうかがえる。
　また，「資格や免許が取得できること」は同じ「低成長」群でも充実度による差異がみられ，充実度が高い群のほうが4.7ポイント高い。我が子の大学選択で「卒業後のキャリアの専門性」を重視する親は，大学時代の成長実感が低くとも，学びの充実を感じている傾向にあるものと思われる。

第6章　我が子に対する学歴期待と自身の大学時代の学びや成長　　95

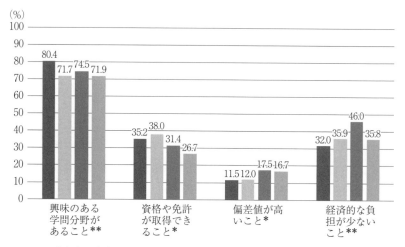

図 6-4 大学時代の充実度・成長実感×我が子の大学選択で重視すること
〈有意差が示された項目〉

*** p<.001, ** p<.01, * p<.05

　その一方で,「経済的な負担が少ないこと」「偏差値が高いこと」は,成長実感というよりも充実度による差異が目立ち,いずれも充実度が低い群のほうが重視している。我が子の大学選択では「入学時の偏差値や経済負担」を重視する親は,大学時代の成長実感の高低にかかわらず,学びの充実度が低いと感じている傾向があるといえるだろう。

　続いて図6-5は,同様に分析した結果,有意差はみられないものの「最高値マイナス最低値」が5ポイント以上みられた4項目を示している。

　「お子様の学力と偏差値が合っていること」「就職の実績がよいこと」は,充実度というよりも成長実感による差異が目立ち,いずれも成長実感が高いほうが重視している。こうした「可視化できる現実」を我が子の大学選択で重視する親は,大学時代の成長実感が高い傾向が示唆されている。

　その一方で「キャンパスの雰囲気がよいこと」「社会的に知名度があること」は,成長実感というよりも充実度による差異が目立っている。ただし両者の傾向は対照的であり,「キャンパスの雰囲気がよいこと」は充実度が高い群のほ

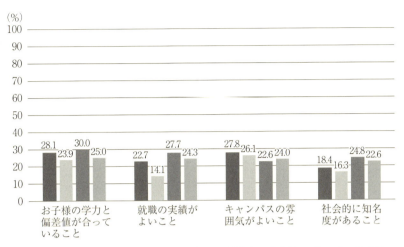

図6-5 大学時代の充実度・成長実感×我が子の大学選択で重視すること
〈「最高値マイナス最低値」が5ポイント以上みられた項目〉

※有意差なし

うが重視し,「社会的に知名度があること」は充実度が低い群のほうが重視している。我が子の大学選択で「雰囲気」を重視する親は大学時代の学びの充実度が高く,「知名度」を重視する親は充実度が低いといった傾向がうかがえる。

(4) 大学時代の充実度・成長実感による大学に対する価値づけ

さいごに,大学時代の充実度・成長実感による大学に対する価値づけの違いについてみていく。図6-6は,「大学に対する価値づけ」に関わる項目に対して4件法で回答を求めた結果をスコア化し(「とてもそう思う」を4,「まったくそう思わない」を1),パターン(群)別に示したものである。分散分析の結果,いずれも有意差が示されている。

全体的に,「高充実×高成長」群は大学を高く価値づけていることが明らかである。中でも,「大学で学問に取り組めば,自分の専門性を高めることができる」「大学に行けば社会で活躍するための実力がつく」「大学では一生の付き合いとなる友人関係を築くことができる」は,テューキーの多重比較検定の結

第6章 我が子に対する学歴期待と自身の大学時代の学びや成長 97

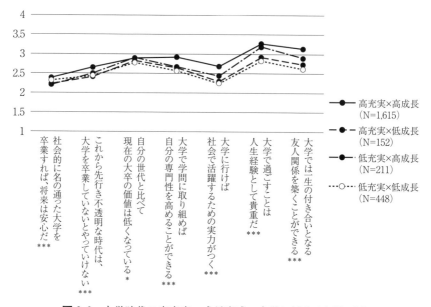

図 6-6　大学時代の充実度・成長実感×大学に対する価値づけ

*** p<.001，** p<.01，* p<.05

果からも，「高充実×高成長」群が他のいずれのパターン（群）との間に顕著な有意差が示されている（いずれも p<0.001）。

　その一方で，分散分析では有意差が示されていても，テューキーの多重比較検定では「高充実×高成長」群との有意差が示されない場合もある。たとえば「社会的に名の通った大学を卒業すれば，将来は安心だ」は，「高充実×低成長」群との有意差が示されていない。「大学で過ごすことは人生経験として貴重だ」は，「低充実×高成長」群との有意差が示されていない。これらの結果からは，「成長実感の高低にかかわらず，大学時代の学びの充実度の高い親は高学校歴に対する安心感がある」「学びの充実度の高低にかかわらず，大学時代の成長実感の高い親は大学を人生経験の場として価値づけている」といった傾向がうかがえる。

5. おわりに

　本章の分析対象者は40〜55歳であり，大学を卒業してから長い年月を経て，社会経験も重ねる中で，大学時代の学びの記憶や影響は薄れているかもしれない。大学教育改革が本格化する前に大学時代を過ごした世代であるため，近年のように，学びに対する仕掛けや働きかけが大学において積極的になされていなかったかもしれない。それでもなお，本章の分析からは，大学時代の学びの充実度や成長実感は，大学に対する価値づけ，我が子に対する学歴期待や大学選択の際に重視する点などに一定の影響を与えうる可能性が示唆されている。

　今後は本章で示唆された知見や仮説を踏まえながら，さらなる分析をすすめる必要がある。たとえば，「子どもの性別に着目した分析」である。本章では調査項目の限界もあり，親の性別にのみ着目して分析を行ったが，子どもの性別により学歴や卒業後のキャリアに対する親の期待が異なる可能性は否めない。

　また大学教育の質保証の観点からみれば，「充実度や成長実感に関わる学び」についても具体的にさぐることが求められるだろう。大学教育改革の中で大学時代を過ごした世代が親世代になった際に同様の調査を行い，大学教育の成果を検証することも必要であろう。

　本章で用いたデータは，ベネッセ総合教育研究所が実施した「大学での学びと成長に関するふりかえり調査」によるものである。この場を借りて，ベネッセ総合教育研究所及び本調査の企画・分析メンバーには感謝を申し上げたい。

註
1) 教育期待とは，中山慶子・小島秀夫（1979）によれば，どのくらいの教育を受けたいのか，どのくらいの学歴を獲得したいのかを示した概念であり，その後の教育達成と大きく関わるものである。
2) 本調査の企画・分析メンバーである山田剛史（2016）は，「「学び」については，狭義・広義の議論，成長に関わる視点も含めた拡張論等，様々な立場が存在する。そうした議論には総論賛同しつつも，教育という意図的な介入（派生する主体的な学びも含め）には回収されない，学生の様々な環境への関与やそこでの相互作用，加齢とともに達せられる（ある種自然発生的な）成熟といった側面が存在すると考える。そうした認識の上で，本

調査では学術的に両者を定義し，細かく調査項目として設定する，という方法は採らず，回答者自身が「学び」と「成長」という言葉をどう捉えているかという視点から，調査としては極めてシンプルに問うている。」と本調査における「学び」と「成長」の捉え方について説明を加えている。
3) 本調査の詳細は，ベネッセ教育総合研究所（2015）を参照のこと。
4) 第一子の学年などは，以下のとおりである。

表6-7　第一子の学年など（男女別）

(%)

	未就学児	小学生	中学1年生	中学2年生	中学3年生	高校1年生	高校2年生	高校3年生
男性（N=2,119）	18.2	33.8	7.9	8.2	8.1	8.4	8.0	7.4
女性（N=307）	25.4	37.5	7.5	6.2	5.9	7.5	6.8	3.3
全体（N=2,426）	19.1	34.3	7.8	8.0	7.8	8.3	7.9	6.9

5) 本章の分析対象者が大学を卒業した後に，「自己点検・評価の実施，公表の義務化（2001）」「国立大学法人化，認証評価受審義務化（2004）」「大学設置基準などの改正によるFD義務化（2008）」「大学情報の公表およびキャリア教育の制度化（2009）」といった大学教育の制度改革が立て続けに行われている。

参考文献

ベネッセ教育総合研究所，2015，「大学での学びと成長に関するふりかえり調査（速報版）」，(http://berd.benesse.jp/up_images/research/web_daigaku_manabi_ALL.pdf)（2018年8月30日取得）．

久冨善之，2007，「特集テーマ〈「格差」に挑む〉について」『教育社会学研究』第80集，pp. 5-6．

耳塚寛明，2007，「小学校学力格差に挑む　だれが学力を獲得するのか」『教育社会学研究』第80集，pp. 23-39．

宮寺晃夫，2006，『教育の分配論――公正な能力開発とはなにか』勁草書房．

望月由起，2011，『現代日本の私立小学校受験――ペアレントクラシーに基づく教育選抜の現状』学術出版会．

文部科学省，2018，「平成30年度学校基本調査（報道発表）」(http://www.mext.go.jp/component/b_menu/other/__icsFiles/afieldfile/2018/08/02/1407449_1.pdf)（2018年8月30日取得）．

中山慶子・小島秀夫，1979，「教育アスピレーションと職業アスピレーション」富永健一編『日本の階層構造』東京大学出版会，pp. 293-328．

橘木俊詔・八木匡，2009，『教育と格差――なぜ人はブランド校を目指すのか』日本評論社．

天童睦子，2004，「少子化時代の育児戦略とジェンダー」天童睦子編著『育児戦略の社会学——育児雑誌の変容と再生産』世界思想社.
山田剛史，2016，「大学教育は学びと成長を促進し，社会生活を支えてくれるのか」(http://berd.benesse.jp/feature/focus/13-learn_growth/activity1/)(2018年8月30日取得).
Brown, P., 1995, "Cultural Capital and Social Exclusions: Some Observations on Recent Trend in Education, Employment and The Labor Market," *Work, Employment and Society*, 9, B.S.A. Publishment Ltd., Cambridge University Press (住田正樹ほか編訳，2005，『教育社会学——第三のソリューション』九州大学出版会).

第Ⅲ部　学歴社会を超えて

第7章

不本意入学からの脱出
―「高専卒業生アンケート」の分析から―

李　敏

1.「就職率100％」の高専における不本意入学

　不本意入学の問題は，学校教育関係者にとって悩ましい問題の1つであろう。1980年代においては高校の中退問題，現在においては大学のドロップアウトの問題が発生した背後には，いずれもこの不本意入学に大きな原因があるとされている。「就職率100％，就職先の大半は大企業，進学の場合は国立大学へ」（浅野 2018: 1）。このような就職と進学に強い高等専門学校（略して「高専」）であっても，不本意入学の問題は避けることができない。
　高専は，きわめて特殊な教育機関といえる。高等教育機関として位置づけられながら，その進学者は中学校の卒業生である。5年間の在学期間中では，工学系を中心に実践的教育を実施され，修了者には準学士の学位が授与される。卒業生の過半は就職を選択するが，景気に左右されず，一貫して「就職率100％」を維持するという強みを持っている。また，4割近くの卒業生がさらに大学編入学や専攻科進学という進学の道を選ぶ[1]。学部終了後は，大学院進学という道も用意されている。
　高専進学者は，中卒者の1％にも満たないごく少数派で[2]，成績優秀者，特に理数系の成績が優れている学生が多い。工学部，工学系の大学院への進学を希望する場合では，高専→大学編入学→大学院という道もある。この道を選ぶならば，熾烈な大学入試の競争を回避できるだけでなく，進学塾の費用も節約

でき，学費も低く抑えられるため，経済的事情で大学進学を躊躇する成績優秀な中学生にとっては，まさに賢明な選択といえる。しかし，高専への進学を決めることは，将来工業系の仕事に就き，技術屋として生きていくことを意味する。これは15歳の若き少年少女にとってはきっと重い選択に違いない。このような進路の早期決定が不本意入学につながる大きな一因となっている。また，高専の不本意入学者では，理数系の成績がよいだけに周囲から高専の進学を勧められる可能性が高く，成績不振のため，進路を下方に修正せざるを得ないという大方の不本意入学と比べ，かなり特徴的である。さらに，経済的事情で，高校に進学してから大学入試にチャレンジするという通常ルートを諦めてから高専を選ぶ人も一部いる。このように高専における不本意問題は，次節で紹介する先行研究で示された不本意発生の原因と若干異なるものの，進学したあとの学校生活の展開や直面する問題に関しては，共通している部分が多い。

　それでは，消極的理由で不本意入学した学生は，積極的理由で高専を選んだ学生と比べ，個人の特質及び高専の過ごし方に何か違いがあるだろうか。なかでも，入学時の本意，不本意が，高専在学中に転換した学生に特に注目したい。たとえ不本意で高専に進学したとしても，高専の経験を満足に思い，社会に羽ばたいた学生。それと反対に，自分の意志で高専に進学したものの，のちに高専に興味を失ってしまった学生。このような意志の転換を生み出したのは，どのような原因によるのだろうか。本章は，高専の卒業生調査のデータを用いて，上記の課題を明らかにするものである。

2. 不本意入学発生の構造

　不本意入学（involuntary attendance）というのは，言葉のとおり，本意にそぐわず，嫌々ながらの進学のことである。学校制度が成立して以来，存在してきた現象であるが，1971年に，教育社会学者のマーチン・トロウ（Trow. M）の指摘によって，不本意入学の問題は一躍世の注目を集めた。トロウは，高等教育がエリート段階からマス段階，さらにユニバーサル段階へと拡大することにしたがい，大学進学が「少数人の特権」より「万人の義務」に変化し，大学進学に対する自明性と強制性が付与され，目的意識が剥奪されることになると

指摘した（トロウ 1976: 194-5）。そのような進学者の質的変化は，高等教育のみでなく，他の教育段階の拡大のプロセスでも同じく経験してきた。

　日本の場合は，早くも 1970 年代に高校進学率が 9 割を超え，義務教育ではないものの，高校への進学はもはや当然視されるようになった。進学しない者はスティグマ（負の烙印）が押されるため，不本意による進学者が多く現れ，「不登校」，「中退」などの問題が 1980 年代，90 年代の突出した教育問題ともなった。高等教育において，不本意入学の問題が浮上したのは，高等教育がマス段階に突入した 1970 年代である。1971 年の中教審答申「今後における学校教育の総合的な拡充整備のための基本的施策について」（いわゆる「四六答申」）では，「はっきりした学習意欲のない者までが名目的な学歴を目指して進学するため，いろいろな問題が生じている」と不本意入学の問題を初めて明確に言及した。しかし，はたして不本意入学者がどのくらいいるかについて，不本意入学の定義と統計方法によって，かなり異なる結果となった。なかでも，ベネッセ総合教育研究所の「第 2 回大学生の学習・生活実態調査報告書」(2012) の中では，不本意入学の学生が 4 分の 3 も占めているという衝撃な調査結果がある[3]。

　それでは，不本意入学はなぜ起きたのだろうか。その原因について，まずあげられるのは，トロウが述べた学生数の増加と教育規模の拡大に従い，「多くの学生に大学への就学をしだいに義務と感じさせるようになり，かれらはますます『自分の意志からではなく』就学する存在となりつつある」という教育の量の増加がもたらした学生の質の変化である（トロウ 1976: 29-30）。しかし，なぜ学生の中に，このような心理的変化が起きたのかについては，トロウの論文では，明確な説明がなかった。

　このような心理があったのは，他人，社会の目を意識するようになったためという理由が大きいだろうが，学歴の労働市場における意義の変化もその重要な一因と考えられる。高校，大学教育がまだ少人数しか享受できなかったエリート段階においては，学歴が即ちその人の生産性を表す「人的資本」の指標であり（Becher 1964），よりよい就職をするためには当然高い段階の教育を受けるのが望ましい。ところが，進学者の増加に伴い，学歴はその持ち主の「人的資本」を代表する指標としての機能が徐々に弱まり，種々の難関試験を突破で

きた高い学習能力を代表する訓練可能性（trainability）のシグナルになりつつある。より効率的に人材を選抜するために，労働市場は，獲得した学歴や，出身校の威信度などの学校歴をもって，求職者の今後の訓練可能性を評価する。それぞれの訓練可能性に応じて，相応した職場を与える（Spence 1974）。このように，学歴と学校歴があたかも人材を選別するスクリーニング装置のようで，これらを手に入れてからはじめて仕事をめぐる競争の入場券を与えられる。従来と比べ，大卒などの学歴の価値が低下しながらもその必要性が増している。一見して矛盾したようなこの高等教育大衆化の変化については，潮木守一（1971）は高学歴者の「非特権化」と「学歴の閉鎖性」の理論をもって，より詳細な説明を展開した。潮木は，高学歴社会への移行に伴い，大卒者の就職はテクノクラート（専門的技術的職業）や，ビューロクラート（行政的経営的管理的職業）からはみ出し，就職機会において大卒者の「非特権化」が進行すると同時に，テクノクラート的地位，ビューロクラート的地位につくためには，大卒の学歴が必須となるという「学歴の閉鎖性」が同時に起きたと指摘した。言い換えれば，高学歴はもはや高い社会経済地位の就職を保証できなくなったものの，特定の職業的地位につくためには，大卒という学歴が必須条件となっている。高学歴者の量的増加は，学校教育の人材選抜における機能の変化をもたらした。これが不本意入学の構造的原因となっている。

　ただし，日本においては，不本意入学に関して，さらに日本社会特有の構造的な原因が指摘できる。これは即ち竹内洋（1995）のいう「傾斜的選抜システム」と「層別競争移動」によって形成された「日本のメリトクラシー」という選抜構造である。日本の高校は，「学力偏差値」によって細やかな学校序列が形成されている。学生は，偏差値に応じて，高いランク，あるいは低いランクの学校へと常に進路を修正できるという「傾斜的選抜システム」に組み込まれている。ランクの近い学校の間では，少しでも上の層への移動を目指して，熾烈な「層別競争移動」が繰り広げられている。このような「傾斜的選抜システム」のなかで，学生は自分の意志よりも，「合格可能性」を最優先に進路の決定を強いられるため，不本意入学の発生も不可避となっている。　なかでも，進学校出身者は，所属する有名高校という準拠集団によって形成された価値水準に見合った進学を迫られ，それが実現できなかった場合は，いわば不本意感

というメンタリティの形成を助長するようになり，非進学校出身者と比べ，不本意入学のリスクがより高くなる（竹内 2016）。

不本意入学は，のちの学校生活に種々の不適応感をもたらしやすく（山田 2006），高校・大学中退の主要な誘因ともなっている。しかし，不本意感は学校の威信度，所在地，そして学びたい内容などによって，その内容と程度が異なる（森 2013）。また，進学したあと，個人および学校の対応次第で，不本意入学が本意通学に変わることができるし，逆に本意入学から不本意通学に変更する可能性がある。たとえば，伊藤美奈子（1995）は，新入生調査を通して，「不本意入学」者の中に，入学時の不本意感が解消されないままの「慢性的不本意」と入学後に克服されていく「一過性の不本意」という不本意の転換があることを明らかにした。したがって，「不本意入学」→「学校不適応」→「中退」という通俗的な因果解釈を無批判に採用することには留保を行っておく必要がある（菊地 1990: 70）。

アドミッションの観点から言えば，「不本意入学意識を持たない学生ばかりが入学するように学生募集を行うことは不可能である。可能なのは，不本意な気持ちを持った学生が，不適応を起こさずに，より良い学びを修められるようにする方略を検討することである」（雨森・松田・森 2012: 7）。その目的を達成するためにも，「慢性的不本意」の学生と「一過性の不本意」の学生の特質を明らかにする必要がある。入学後の変化が起きたのは，学生本人の性格などの原因なのか，それとも学校側から与えた支援が奏功したのか。より効果的に支援をするためには，学生の意志の変更の要因を突き止める必要があるだろう。残念ながら，不本意入学の発生原因に関する研究は心理学を中心に盛んに行われているが，本意・不本意感の転換を引き起こしたプロセスを探る研究はほとんど見あたらない。

本章は，高専卒業生の学び体験の記憶と職業キャリアの推移を追跡する 2014 年度の「高専卒業生キャリア調査」のデータを用い，学生の進学前の特徴と進学後の学習と生活のデータに対する分析を通して，進学時の本意・不本意感が転換した原因について探る。この調査は，文部科学省大学間連携共同教育推進事業「KOSEN 発"イノベーティブ・ジャパン"プロジェクト」の一環として実施され，全国の 14 高専の 15 キャンパスの高専卒業生（1976 年 3 月〜

2008年3月までの在学), 計3,683件の回答を得た。

ここで指摘しておきたいのは, 第1節で説明したように, 高専の学生は他の教育機関の学生と比べ, かなり特殊である。しかし, 特殊性があるだけに, 高校, 大学, 大学院などの卒業生調査と違い, 今回の高専卒業生調査は均質なデータを得ているメリットもある。この均質というのは, 2つの意味が含まれている。まず, 入口のところでは, 中学校の成績優秀者が進学するという学力の均質性を指す。そして, 出口のところでは, 技術職, 専門職に従事する人が多いという就職先の均質性を意味する。したがって, 他の卒業生調査と違い, 高専卒業生調査は, 学力や就職先の相違などのような雑多な要因をあらかじめ排除できるので, きわめて良質なデータといえる。

3. 分析の結果

(1) 志望順序と満足度による高専学生の分類

本章では, 学生が「第1志望の高専・学科に進学した」かどうかという志望順序, および「高専での生活全般」への満足度によって, 学生のタイプを表7-1のようなマトリックスで分類した。満足度については, 4段階で評価されているが, 「あまり満足していない」と「まったく満足していない」の回答者数が少なかったため, この2項目を「満足していない」という1つのカテゴリに統合し, 6つのタイプに分類することができた。回答数からいえば, 「やや満足している」と評価した卒業生は, 「第1志望」と「第2志望」の両方でいずれも最も多い。しかし, 回答者によって, ポジティブに評価する意味とネガティブに評価する意味の両方が混在している可能性がある。曖昧さを回避するために, この部分の回答を分析から外した。この処理によって, 分析に使うサンプル数が1,540件までに減少したが, 分析に十分耐えられる数ではある。

第1志望で進学し, 卒業後も「とても満足している」学生を「高満足型」, それと反対に「満足していない」学生を「失意型」と名づける。一方, 第2志望, つまり不本意で高専に進学したにもかかわらず, 大変満足して高専を出た学生を「望外型」と名づけ, 卒業まで進学時のネガティブな思いに引きずられていた学生を「疎外型」とネーミングする。

表7-1 志望順序と満足度による高専学生の分類

	とても満足している	やや満足している	満足していない
第一志望	**高満足型**（940）	1710	**失意型**（280）
第二志望	**望外型**（212）	344	**疎外型**（108）

　高専での生活全般に対して，58％（2,054名）の卒業生が「やや満足している」と答え，それに加え，「とても満足している」と高く評価した学生が32％（1,152名）いる。特に，第1志望で高専に進学し，期待したとおりの充実した学校生活を送った「高満足型」は4人に1人（940名，26％）である。マイナーな教育機関とはいえ，高専に対する評判の高さがうかがえる。注目すべきなのは，卒業生の全体に占める割合は高くないものの，「失意型」と「望外型」がそれぞれ280名と212名いることである。進学後，本意から失望へ，不本意から愛着へという高専への思いが入れ替わった人数は，かなり接近している。次節からは，中学校時代における工学系に適する能力の有無，高専進学の理由，および高専在学中の学習と経験に焦点を当て，各タイプの学生の特徴について，考察を行う。

(2) 中学校時代の特徴と高専進学理由

　図7-1の左部分は工学にふさわしいと思われる知識と能力を持っている程度，右部分は高専進学の理由を示す内容である（「とてもあてはまる」の割合）。「高満足型」の38％は「機械，ロボット，電気製品などが好きだった」，また30％は「工作やデザインが得意だった」と回答しており，さらに59％は「理数系の科目が得意だった」という中学生の時の特徴をあげている。要するに，高専を選んだのは，工学関係のことに心底から興味をもっており，かつ工学系の仕事に従事する能力と基礎知識ももっている，いわば適性があるからである。「望外型」は，各項目における「とてもあてはまる」の割合が「高満足型」には及ばないものの，かなり近い特徴をもっている。第2志望で進学したとはいえ，「望外型」は，工学を学習する内発的動機づけをもっているし，工学の学習を支える基礎的学力ももっていることが進学後の高い満足度につながったのだろう。それに対して，卒業時に満足度の低い「失意型」と「疎外型」は，4

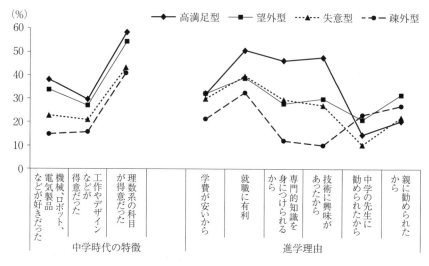

図7-1　中学生時代の特徴と高専進学理由

注：「とてもあてはまる」の値。すべての項目は0.1％で有意。

割前後が「理数系の科目が得意だった」と答えたが，工学への興味関心という点は前者より低い。おそらく他の外発的動機づけで高専に進学したと推測される。

　図7-1の右側の進学理由と合わせて見てみると，各タイプの学生の特徴が一層クリアになる。まず，すべてのタイプの学生の中で，「就職に有利」という理由をあげた割合が最も高い。それに加え，3割程度の学生が「学費が安い」ことを高専進学の理由としている。また，「疎外型」を除き，「専門的知識を身につけられる」原因のほか，本人が「技術に興味があった」ために，高専の進学を決心したという進学理由も多い。安価な学費で，専門教育を受けることができ，よい就職も保証されているという高専のメリットが大部分の高専卒業生に認知され，進学の大きな理由となっていることが見て取れる。

　学生のタイプ別で高専の進学理由を見てみると，この4タイプの学生は，2組の対比的な特徴をもつグループをなしている。「高満足型」と「疎外型」の間で，進学理由を強く賛同する割合を示す折れ線がかなり離れており，学生の進学理由がかけ離れていることがわかる。前者は「専門的知識を身につけられ

る」,「技術に興味があった」という内発的動機づけを進学理由とすることが最も多いのに対し,後者は「中学校の先生・親に勧められた」などの外発的動機付けで高専を選択した人が多い。「望外型」と「失意型」に関しては,多くの項目に関する回答がほぼ重なっているが,「中学校の先生に勧められたから」,「親に勧められたから」という2項目だけが離れている。「望外型」は「中学校の先生・親に勧められた」ことが「とてもあてはまる」と回答した割合が最も高いのに対し (21%, 32%),「失意型」はその割合がすべての学生のタイプの中で最も低い (10%, 22%)。「望外型」は,周りからの勧めで受動的に進学した学生が多いが,進学後の学習と生活を満喫できたので,高専への高い満足に転じたことが多い。逆に自分の意志で高専を選んだ「失意型」は,期待が大きかっただけに,進学後の不本意感も増幅したと想像できる。そこで,次節では,各タイプの学生においてなぜ高専に対する満足度が異なるかについて,高専生活の過ごし方に焦点を当てて考察してみる。

(3) 高専在学中の学習・生活

図7-2は学生が高専在学中に積極的に取り組む項目と在学中の経験を示した内容である。まず,左部分の積極的に取り組む項目を見てみると,「高満足型」と「望外型」に関しては,「専門科目の講義」と「専門科目の実験・実習」という2項目を除き,ほぼすべての項目の回答が重なっている。「失意型」と「疎外型」の特徴もかなり類似している。高専の学生が人文社会の一般教育科目に対し,取り組む時間が少ないことはすべてのタイプの学生の中で見られることが少々残念に思う。「高満足型」と「望外型」は,「失意型」と「疎外型」と比べ,専門科目の講義,中でも専門科目の実験・演習に積極的に取り組み,かつ「部・サークル活動・学生会活動・学校行事」などに没頭する学生が多い。学業,特に専門教育に積極的に取り組み,在学中に人的ネットワークを構築できるなら,満足度も上昇する。換言すれば,学校へのコミットメントが高ければ学校への満足度も高くなる。

図7-2の右側の在学中の経験に着目すると,高専への満足度が分かれたのは,在学期間中の経験と大きく関係しているように見える。「授業や課題が多くて,大変だった」と評価した学生がすべてのタイプの学生において2割ほどいる。

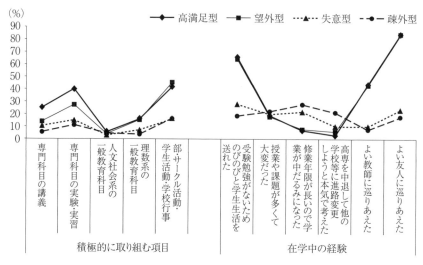

図 7-2 高専在学中の取り組みと経験
注:「とてもあてはまる」の値。すべての項目は 0.1% で有意。

それにもかかわらず,「高満足型」と「望外型」は,「のびのびとした学生生活」を楽しむことができた。それに対して,「失意型」と「疎外型」は,「のびのびとした学生生活」を感じずに,学業が中だるみになり,高専を中退して進路変更までも真剣に考えた人は2割程度いる。高専に対して,満足組と不満組の間の最も大きな違いは,対人関係の満足度である。「高満足型」と「望外型」は,「よい教師に巡りあえた」ことが「とてもあてはまる」割合は,それぞれ44%と43%に達し,「よい友人に巡りあえた」割合はさらに84%に達した。これは「失意型」と「疎外型」を大きく上回った値である(「失意型」:10%, 24%,「疎外型」:7%, 18%)。つまり,良好な人間関係の構築が学校の満足度を大きく促進する要因となることが今回の調査でも明らかになった。

「失意型」,「疎外型」の3割程度は,高専の授業が多くて大変であったため,のびのびとした学生生活を送れず,中だるみを強く感じた。そういったタイプの学生は授業外でも学業に追われていたのだろうか。図7-3の授業外学習時間を見てみると,どうもそうではないらしい。図7-3の左側は,高専在学中に1週間当たりの予習・復習などの授業外学習時間,右側は成績を学年ごとに示し

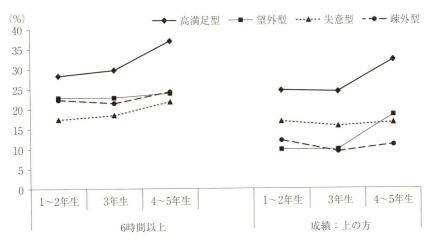

図 7-3 1週間当たりの授業外学習時間と成績

注：すべての項目は0.1%で有意。

た内容である。授業外学習時間が1週間あたり6時間以上、いいかえれば1日当たり1時間以上自学自習する学生の割合を見てみると、1年生から3年生にかけて、ほぼ横ばいの状態だったが、4年生になると、「高満足型」の学習時間が上昇に転じ、他のタイプの学生にも学習時間の微増が見られた。一方、「ほとんど勉強しない」学生については、「望外型」は1年生の時の32%から26%へ減少したのに対し、「失意型」と「疎外型」は、それぞれ30%から36%へ、32%から40%へと増加した（図省略）。

　高専の学生は、4年生になると、研究室に入り、卒業研究に没頭すると同時に、大学編入学や専攻科進学、あるいは就職という進路を真剣に考えなければならないので、卒業研究と各種試験の勉強に精を出したからであろう。タイプ別で見てみると、「高満足型」はすべての学年において、学習時間が最も長く、4年生になるとより一層学習に励む傾向が目立つ。それにもかかわらず、そのタイプの7割は「受験勉強がないため、のびのびと学生生活を送れた」ことが「とてもあてはまる」と強く賛同した（図7-2）。1週間あたり6時間以上勉強する割合が最も低いのは、「失意型」であり、4年生になると、若干学習時間の増加があるものの、他のタイプの学生には及ばなかった。一方、「望外型」と「疎外型」の授業外学習時間はこの両者の中間にある。このように、大学受験

第7章　不本意入学からの脱出　　*115*

から解放されたとはいえ，のびのびとした学生生活を感じられず，逆に倦怠感が生じたのは，授業内外の学習時間が長すぎるからという解釈は成り立たない。

図7-2でも示されたように，「失意型」と「疎外型」は，高専在学中に，部活動などへの参加に非積極的で，教員と同級生とのよい人間関係にも恵まれていなかった。これらの要因は高専への倦怠感をもたらしただろう。そのほか，学業成績が高専卒業生の達成感に大きく影響した可能性もある。図7-3の右側部分は，高専在学中の5年間，成績が「上の方」，「やや上」，「真ん中くらい」，「やや下」，「下の方」という5段階評価の中で，最も高い評価の「上の方」の割合を示した内容である。図表の提示を省略したが，中学生だったころ，成績が「上の方」の割合を高い順から低い順で並べてみると，「高満足型」(64%)，「失意型」(63%)，「望外型」(55%) と「疎外型」(52%) の順となっている。スタート時点からいえば，同じく優秀だった「高満足型」と「失意型」だが，進学後に学業に費やした時間に差が現れ，結果としては両者の間に成績の差が開くようになった。一方，「望外型」は，1～3年までは学習時間が短く，成績も突出して優秀ではないにもかかわらず，4～5年に上がると，学習時間が長くなることにつれて，優秀者である割合が「高満足型」に次ぐ2番目に上昇した。4年生から学業に励んだ結果，よい成績を収めたことが自信につながり，高専への満足度を高めたのであろう[4]。

4. 不本意から脱出するためには

ここまでくると，高専進学者の中で，本意入学，不本意入学の明暗が分かれた要因が徐々に明らかになってきた。

まず，内発的動機づけがあるかどうかは学校への高い満足度に結びつく大きな要因であり，内発的動機づけのある者こそ，本意といえる。そもそも本意入学か，不本意入学かというのは，あくまでも進学者本人による主観的評価なので，進学した学校が「第1志望」かどうかという指標だけでは本意入学を正確に定義することには限界がある。本意ではなくても，周りから勧めを受けてから第1志望で進学した人もいれば，本章の「失意型」のように，自分の意志によって，第1志望で高専進学を決めた人もいる。ただ，「高満足型」と比べ，

「失意型」は工学への興味が決して高いとはいえず，成績，特に理数系成績がよいからという理由が高専進学の大きな要因となっている。要するに，いわゆる本意入学というのは，内発的動機づけによる選択が前提と考えたほうがより適切かもしれない。このような内発的動機づけがあるからこそ，「望外型」のように，不本意で進学したにもかかわらず，種々の努力を経て充実した高専生活を手に入れたのだろう。

　そして，内発的動機づけが前提条件であるならば，地道な努力が必須条件である。中学校のときから高専卒業まで優等生が多かった「高満足型」は，高専在学中に学業に積極的に取り組み，授業外において自学自習に他のタイプの学生より多くの時間をさいていた。一方，優等生だった「失意型」は，高専進学後に，授業内外における学習の努力が不足していたことが目立ち，4年生以降に，成績における優位性をつい失ってしまった。それに対し，高専進学当初，決してトップの成績ではなかったが，「望外型」は，専門の学習や授業外の学習に精を出した結果，卒業前に成績で「失意型」を追い越した。このような学習習慣は，在学中だけでなく，社会に出たあとも，興味のある就職や転職の獲得に大きく役立つことが今回の高専卒業生調査を用いた分析で明らかになっている（李 2018）。

　さらに，学習にあわせて，良好的な人間関係をベースにした社会的ネットワークの構築も，高い満足度をもたらす重要な一因になっている。「高満足型」と「望外型」のなかで共通する特徴は，学習に励んでいたことだけでなく，サークル・部活動などの課外活動にも熱心に参加したことである。その結果，教員との関係がよく，友人関係にも恵まれている。それに対して，「失意型」と「疎外型」は，高専へのコミットメントが低いためなのか，人間関係に恵まれず，学校から浮いていたという学校生活が目に浮かぶ。

　若干平凡な結果かもしれないが，いままで何となく認識してきた考えをこのように調査データを通して裏付けられたことも，それなりに意義がある。物事が目まぐるしく変わっている今日において，正確に予測して選択することはもはや至難の業といえる。不本意が常態であるならば，不遇を嘆くより，積極的にその選択を受け入れ，こつこつと勉強を重ねることを通して，不本意からの脱出に取り組むのが得策であろう。また，そのような局面の打開は，1人だけ

の孤軍奮闘でなく，周りからの支援と激励があることも忘れないでほしい。

註
1) 2018年3月の高専卒業者の中で，就職者は59.6％であり，大学などのへの進学者は40.4％である（『平成30年度（2018年度）学校基本調査』）。
2) 2018年3月の中学校卒業生の中で，高専進学率は0.9％である（『平成30年度（2018年度）学校基本調査』）。
3) ベネッセ調査では，「第1志望で進学した」×「とても満足して入学した」学生を「本意入学」の学生と定義する。
4) 「高専での生活全般」に対する満足度を従属変数に重回帰分析，また「高専での生活全般」に対して「とても満足している」ことを従属変数に多項ロジスティック分析（「やや満足している」を基準に）を実施したところ，いずれも「4年～5年生」の学習時間と成績が正の有意な関係を持っている結果が確認された。紙幅の関係で，表の掲載を省略する。

参考文献
雨森聡・松田岳士・森朋子，2012，「教学IRの一方略——島根大学の事例を用いて」『京都大学高等教育研究』第18号，pp. 1-10.
浅野敬一，2018，「二つの発見に向けて——高専の『教育実験』を検証する」矢野眞和・濱中義隆・浅野敬一編『高専教育の発見——学歴社会から学習歴社会へ』岩波書店，pp. 1-25.
ベネッセ総合教育研究所，2012，「第2回大学生の学習・生活実態調査報告書」（http://berd.benesse.jp/koutou/research/detail1.php? id=3159）（2018年9月10日取得）．
濱名篤，2006，『初年次教育を中心とする継続型教育プログラムの開発と質的保証に関する国際比較研究』（平成16-18年度文部科学省科学研究費補助（基盤研究（B））研究報告書．
伊藤美奈子，1995，「不本意就学類型化の試みとその特徴についての検討」『青年心理学研究』第7号，pp. 30-41.
川嶋太津夫，2006，「初年次教育の意味と意義」濱名篤・川嶋太津夫編著『初年次教育——歴史・理論・実践と世界の動向』丸善，pp. 1-12.
菊地栄治，1990，「高等学校における不本意就学の発生メカニズム」『日本教育経営学会紀要』第32号，pp. 77-78.
李敏，2018，「幸せになる転職のルールを探る」矢野眞和・濱中義隆・浅野敬一編『高専教育の発見——学歴社会から学習歴社会へ』岩波書店，pp. 149-168.
森朋子，2013，「初年次セミナー導入時の授業デザイン」初年次教育学会編『初

年次教育の現状と未来』世界思想社, pp. 159-173.
竹内正興, 2016,「進学校出身の大学不本意入学者に関する研究――大学志望度と評定に着目して」『仏教大学大学院紀要　教育学研究科編』第44号, pp. 19-33.
竹内洋, 1995,『日本のメリトクラシー――構造と心性』東京大学出版会.
トロウ, マーチン, 1976, 天野郁夫・喜多村和之訳『高学歴社会の大学――エリートからマスへ』東京大学出版会.
潮木守一, 1971,「高等教育の国際比較――高等教育卒業者の就業構造の比較研究」『教育社会学研究』第26集, pp. 2-16.
山田ゆかり, 2006,「大学新入生における適応感の検討」『名古屋文理大学紀要』第6号, pp. 29-36.
Becker, G. S., 1964, *Human Capital: A Theoretical and Empirical Analysis, with Special Reference to Education*, New York: Columbia University Press.
Spence, A. M., 1974, *Market Signaling: Informational Transfer in Hiring and Related Screening Processes*, Cambridge: Harvard University Press.

第8章

国境を越えた職業達成に対する学歴の効果
―アメリカ The New Immigrant Survey（NIS）第一波調査の分析―

中西　祐子

1. 問題の所在

「社会的トラッキングシステム」とは，人々の職業達成が本人の学歴によって規定されており，さらにその学歴達成の機会も出身階層により左右されることを指す概念である（藤田 1980; 岩木・耳塚 1983）。だが，グローバル化する現代社会において人々の社会的移動は，もはや国民国家の枠内だけで起きているわけではない。「国境を越えた社会移動」という選択をした移住者たちにとって，移住後の職業達成と学歴間にはどのような関連があるのだろうか。

一例としてここで紹介するのは，著者が2011年以降行ってきた戦後日本社会からアメリカに移住をした女性たちへの調査で得られたある語りである。

> 「話になりませんよね。私は日本でしか大学は行ってなかったし。アカウンティングのディグリーを取っていたわけじゃなかったので。やっぱりその仕事をするとなるとクレデンシャルは必要ですよね……（中略）……だから一応勉強してちゃんとレジュメに載せないと，（アメリカでは）雇ってくれなかった最初，と思います。」

すなわち，日本で高学歴を取得していたとしても，ひとたび国境を越えるとその学歴効果はキャンセルされてしまうということである。実際，調査対象者

の学歴と職業達成との関連性は，国内移動ではありえないような断絶や逆転現象もみられた。たとえば日本で4年制大学を卒業しても移住後しばらく飲食店での給仕職を経験する者もいれば，日本で高卒後就職していた者が，渡米後現地のコミュニティ・スクールで経理の資格を取得し，大企業の会計部門で定年まで勤め続けたというケースもあった。

これらの事例からわかることは，国境を越えた社会移動においては，従来の国内移動で指摘されてきたような社会的トラッキングシステムの法則が必ずしも働くわけではないということである。むしろホスト国における職業達成により有効なのは，移住後に現地で獲得した学位・資格のようでさえある。

では「移民国家」とも呼ばれるアメリカ社会において，移住以前に獲得した学位・資格は，移住後の職業達成にどこまで効果を持つのだろうか。あるいは，移住後にアメリカで獲得した学位・資格は移民にとってどれほど新しいチャンスをもたらすものなのだろうか。本章は，国境を越えた人の移動における学歴と職業達成との関係を，マクロデータの分析を通じて明らかにするものである。具体的にはアメリカ移民を対象にした The New Immigrant Survey（NIS）第一波調査（2003～04年実施）の成人サンプル（アメリカ永住権獲得時18歳以上）のなかから，調査時アメリカ内に居住していた8,252名のデータを分析する[1]。

2. 先行研究における議論

では，国境を越えた社会移動は国内での社会移動とどのように異なるのか。従来の職業移動研究において社会移動として着目されてきたのは初職と現職の関係性や，最終学歴と初職や現職との関わりである。国境を越えた社会移動の場合，学歴や職業移動に関して先行研究では次のことが指摘されてきた。

① 発展途上国から先進諸国への移民労働者は伝統的に，ホスト国の国民が嫌う低賃金で労働条件の厳しい非熟練労働市場に参入する。多くの移民労働者は低い地位の仕事に就き，失業の経験率も高い（Castles and Miller [1993] 2009=2011）。
② 近年では，「高度人材」，「グローバル人材」と呼ばれる移民労働者を重視

する国もある。国家戦略として高度技術移民を招聘するシンガポール（明石・鐘 2015）や，自国の若者たちの理工系離れの埋め合わせに海外の理系学位取得者を重宝するアメリカ（手塚 2015）はその代表例である。
③ グローバリゼーションの時代における絶対的な学歴水準（absolute standards of educational achievement）の優位性は，一部の国家に限られた現象で，EU圏の労働市場は圏外国籍者に閉鎖的であり，異なる地位に属する集団間で不平等な争いが行われているという立場競争理論（positional competition）を論じる者もいる（Brown 2000; 松下 2016）。
④ 国際移住者の学歴と職業達成の関連性は，(1)人的資本移転可能仮説，(2)移住先での人的資本形成仮説，(3)人的資本無効仮説，等が考えられてきた。ただし，母国学歴の有効性はエスニック・エンクレイブ内に限られるという説や，同一言語圏内では移住後も母国学歴の効果が見られるという指摘もある（竹ノ下 2004, 2005）。
⑤ 日本国内では，中国から渡日した専門職移民男性の所得と学歴との関係性において，日本の学歴は有効であるが，中国で獲得した学歴の効果はみられないことが指摘されている（竹ノ下 2004）。
⑥ 近年，再生産労働の国際分業が女性の国際移動を増加させており（伊藤・足立編著 2008），「移民の女性化（feminization of migration）」（Castles and Miller [1993] 2009=2011: 13-14）が起きている。ただし国際移住に伴い女性労働者は，母国にいる時より経済的に上昇するが，職業的には下降移動を経験する「矛盾した階級移動（contradictory class mobility）」を経験するとも指摘されている（Parreñas [2001] 2015; 小ヶ谷 2016）。
⑦ 学歴と移動先の職業達成の関係性にはジェンダー差がみられ，たとえばフィリピン出身の国際移住女性は，男性よりも母国で獲得した学歴と出稼ぎ先の職業との関係性がみえにくいという（小ヶ谷 2002）。

このように，国境を越えた移動に際して，学歴がその地位達成にどのような効果を持っているのかという問いに対する回答は単純ではない。そこにはジェンダーやエスニシティの影響が絡み，また国家間の権力構造といったナショナルな問題も絡む。その中で本稿では，アメリカ社会を対象に，移民第一世代の

職業達成に対して、母国あるいはアメリカで取得した学歴がどの程度の効果を持つのかを考察する。考察にあたって分析するのは、アメリカプリンストン大学が公開しているマクロデータ The New Immigrant Survey (NIS) である。

3. データとサンプルの特徴

(1) NISデータについて

The New Immigrant Survey (通称「NIS」) は、アメリカ市民権・移民業務局 (USCIS) の公的記録をもとに、2003年にアメリカに新規の永住権を認められた者からサンプリングされたパネル調査である[2]。ベースライン調査 (NIS-2003-1) は2003年6月から1年1か月間かけて行われ、追跡調査が2007～09年に実施されている。調査は質問紙を用いたインタビュー形式で行われ、学歴、職歴、家族状況を初め、各種人口統計学的属性、健康・保健、移住歴、生活状況、送金・収入・財産、社会的ネットワーク、宗教、住環境、など、調査対象者の人生について非常に豊富なデータが収集されている[3]。本稿で分析するのはこのうち、NIS-2003-1成人調査（永住許可が下りた時に18歳以上の者）のデータ（回答者数8,573人）[4]であり、その中から調査時アメリカ国内居住者（通称「Main Immigrant (IM)」）8,252人分のデータを取り出して分析する。

(2) 分析するサンプルの特徴
① 諸属性
本稿の分析対象者8,252人の属性を表8-1に示した。男女比はほぼ同数で、1960～70年代に生まれた者が多い。出生国・地域[5]の上位10位からは、移住者の出身国が世界各国に広がっていることがわかる。移住時期の平均は調査時から5年ほど前であり、当時の平均年齢は30代前半であった。

② 学歴・職業歴
高校卒業以上の学位または何らかの資格を持っている者は68.7%であった。その内訳を示したものが表8-2である。学位・資格保持者のうち、学士号以上の学位取得者が53.7%と半数以上を占める。なお学位・資格取得者のうち、ア

表8-1 分析対象者の属性

(単位：%)

性別	男	48.5		出生国・地域	①	メキシコ	13.1
	女	51.5			②	ヨーロッパ＋中央アジア	9.7
出生年	1930年代以前	6.7			③	インド	9.1
	1940年代	7.7			④	東・南アジア＋太平洋	6.8
	1950年代	14.7			⑤	フィリピン	6.1
	1960年代	28.0			⑥	エルサルバドル	5.8
	1970年代	34.0			⑦	ラテンアメリカ＋カリブ海	5.8
	1980年代以降	8.4			⑧	中華人民共和国	5.5
アメリカ移住	〔平均・年〕	1998			⑨	サハラ以南アフリカ	4.6
移住時年齢	〔平均・歳〕	33.8			⑩	中近東＋北アフリカ	4.5

表8-2 最高学歴・資格の内訳

(無回答・非該当除く：%)

	全体		アメリカ学位		他国学位		アメリカ学位率
高校修了	1394	25.4	263	27.7	1117	24.9	19.1
准学士	246	4.5	52	5.5	192	4.3	21.3
学士	1869	34.0	147	15.5	1707	38.0	7.9
修士	804	14.6	283	29.9	517	11.5	35.4
博士	158	2.9	70	7.4	88	2.0	44.3
法学・医学博士	120	2.2	9	0.9	110	2.4	7.6
分類不能	41	0.7	2	0.2	39	0.9	4.9
資格あり	857	15.6	122	12.9	721	16.1	14.5
全体	5489	100.0	948	100.0	4491	100.0	17.4

注) 学位・資格取得国が不明な者もいるため，全体人数≠アメリカ学位＋他国学位となる

メリカ国内で取得した者は17.4％にすぎず，多くはアメリカ国外で取得した学位・資格である。ただし博士号の44.3％，修士号の35.4％はアメリカで取得されたものであり，高学歴者ほどアメリカで発行された学位を持つ傾向にある。

NISは回答者の就業経験について詳細な質問項目が設定されている。表8-3は16歳以降に就いた初職，渡米直前の職，渡米後の初職，現職の4時点の職業経歴を取り出し，各時点において回答者の多くが従事していた職業について，上位10位までの職業カテゴリーを示したものである。

渡米前の職業は事務職，経営者，教師などホワイトカラー職が上位に並んで

表 8-3 アメリカ移住前後の職業（上位 10 位）

アメリカ移住前						
就業経験あり：4883 人（59.2%）						
移住前初職				移住前最終職		
順位	職業カテゴリー	人数	%	順位	職業カテゴリー	人数	%
①	事務職	682	14.0	①	事務職	586	12.0
②	販売	582	11.9	②	販売	575	11.8
③	教師	407	8.3	③	重役・取締役・経営者	490	10.0
④	生産設備制御・監視の職業	394	8.1	④	教師	374	7.7
⑤	重役・取締役・経営者	309	6.3	⑤	生産設備制御・監視の職業	345	7.1
⑥	医療関係（医師・看護師）	232	4.8	⑥	数学・コンピューター科学者	277	5.7
⑦	建設・採掘の職業	231	4.7	⑦	医療関係（医師・看護師）	264	5.4
⑧	農林漁業	206	4.2	⑧	運輸・運送業	197	4.0
⑨	数学・コンピューター科学者	203	4.2	⑨	建設・採掘の職業	186	3.8
⑩	運輸・運送業	195	4.0	⑩	管理職	184	3.8
全体		4883	100.0	全体		4876	100.0

アメリカ移住後						
就業経験あり：5244 人（63.5%）						
移住後初職				現職		
順位	職業カテゴリー	人数	%	順位	職業カテゴリー	人数	%
①	食品調理給仕	650	12.4	①	食品調理給仕	473	9.6
②	清掃・ビルサービス	519	9.9	②	販売	470	9.5
③	販売	498	9.5	③	数学・コンピューター科学者	433	8.8
④	生産設備制御・監視の職業	412	7.9	④	清掃・ビルサービス	430	8.7
⑤	数学・コンピューター科学者	401	7.6	⑤	事務職	361	7.3
⑥	事務職	362	6.9	⑥	生産設備制御・監視の職業	345	7.0
⑦	建設・採掘の職業	318	6.1	⑦	運輸・運送業	317	6.4
⑧	運輸・運送業	288	5.5	⑧	建設・採掘の職業	314	6.4
⑨	個人医療・世話・介護	216	4.1	⑨	重役・取締役・経営者	264	5.4
⑩	重役・取締役・経営者	187	3.6	⑩	医療技術補助	194	3.9
全体		5244	100.0	全体		4931	100.0

いることがわかる。渡米直前には，上位 10 位に占めるホワイトカラー職の割合はさらに上昇している。

一方，アメリカ移住後の職業では，初職も現職も，食品調理給仕，清掃・ビルサービスなど，先進諸国において移民労働者が典型的に従事するといわれて

きた低賃金かつ労働条件の厳しい非熟練労働が上位となっている。数学・コンピューター科学者のような高度人材移民も存在しているが，その割合は1割に満たず，好条件の職業に従事している移民の数は決して多くない[6]。

ちなみに同じ NIS2003-1 データを用いて渡米直前職 – 渡米後初職 – 現職の3時点における国際社会経済的職業スコア（International Socio-Economic Index of Occupational Status（ISEI））[7]の変化をみた Akresh（2008）でも，移民の職業スコアが渡米前から渡米後にかけて下降し，その後現職にかけて再上昇するU字型を描くことが確認されている。

なお，表8-3は調査時に収入を伴う仕事に従事している者だけを取り上げたが分析対象者8,252人のうち16.7％が「失業して求職中」の状態であった。仕事をしたいが就職できない者が全体の1割以上存在しているということである。主婦・主夫の者は13.0％であり，合計すると3割が非就業状態であった。

4. 学歴別にみた移住後の職業達成

さて，アメリカ移住後の職業達成に対し，学歴はどのような影響を持つのか。同一国内において社会的トラッキングシステムが形成されている場合は，高学歴者であるほど好条件の仕事に従事できることになる。では，国際移動を伴う移住者の場合，学歴と移動後の職業達成の間にこのような社会的トラッキングはみられるのだろうか。

先行研究で指摘されてきたように，国際移動を伴う職業達成に対する学歴の効果は，その学歴がどの国で取得されたものであるかにも影響される。本稿の分析対象者の8割以上がアメリカ国外で学位・資格を取得しているが，アメリカ国外で取得された学位・資格とアメリカの学位・資格が職業達成に与える影響に違いがあるかどうか，以下で焦点をあてる。

まず，現在の就業状況と学歴・資格との関係をみると，高学歴者ほど就業率が高く，失業中や専業主婦・主夫の割合は非高学歴者のほうが高かった。つづいて学位・資格取得国を「アメリカ」と「他国」の2つに分け，学位・資格別の就業状況を示したものが表8-4である。なお，退職者や病気や障がいを理由とする非就労の者は表への掲載を省いた。

表8-4 就業状況×学位・資格×取得国

		高卒	准学士	学士	修士	博士	法学・医学博士	資格あり
アメリカ学位	就業中	70.3%	86.5%	81.6%	88.7%	92.9%	77.8%	77.9%
	失業・求職中	11.8%	1.9%	7.5%	4.9%	2.9%	11.1%	8.2%
	主婦・主夫	4.2%	9.6%	5.4%	2.5%	0.0%	11.1%	9.0%
	全体（N）	263	52	147	283	70	9	122
他国学位	就業中	57.2%	58.9%	63.0%	65.0%	79.5%	58.2%	55.1%
	失業・求職中	19.3%	19.8%	17.4%	19.9%	14.8%	13.6%	21.8%
	主婦・主夫	12.4%	12.5%	8.8%	7.5%	0.0%	14.5%	13.6%
	全体（N）	1117	192	1707	517	88	110	721

　表8-4からわかることは，最終学歴が同一の場合，学位をアメリカで取得したほうが就業率が高いということである。また，博士号ほどの学位であっても，それが他国で取得された場合は，アメリカの学士レベルと同程度ほどしか効果がないこともわかる。失業率をみても，同レベルであれば他国で取得した学位を持っているほうが失業リスクが高い。他国の学位は，修士や博士号を持っていても15～20%が失業している。「移民国家」と呼ばれるアメリカの労働市場においても国外で取得した学位の評価は高くないことが明らかである。

　続いて，現在働いている者が，実際どのような職業についているかを，学歴・資格別，取得国別に示したものが表8-5である。

　全般的に，より高い学位を持つ者ほど頭脳労働や高収入で職業威信の高い仕事に従事していることがわかる。また，同一水準の学位の場合はアメリカの学位を持つケースのほうが高収入，好条件の職業についている者が多い。

　たとえばアメリカの高卒者の2割が事務職に就いているのに対し，他国の高卒者の多くは食品調理給仕や清掃等の単純労働に従事している。同様のことは学士以上にもみられる。学士以上の者の職業として上位にある数学・コンピューター科学者も，同一学位間で比較するとアメリカ学位を持つ場合のほうが占有率は高い。また，他国の学士，修士取得者の1割以上が学位とは無関係の販売の仕事に就いていることも，アメリカ学位取得者との違いである。国外の学位は就業時の評価に際してダウングレードされているということである。

　なお博士号は，国内外の学位の効果の差異が最も小さかった。ただし，そも

表 8-5　現職×学位・

アメリカで取得

	高卒		准学士		学士		修士	
1位	事務職	19.8%	事務職	19.1%	数学・コンピューター科学者	23.0%	数学・コンピューター科学者	32.9%
2位	販売	11.8%	医療関係（医師・看護師）	17.0%	経営者・取締役	12.3%	エンジニア	14.7%
3位	建設・採掘	9.6%	食品調理給仕	14.9%	管理職	9.8%	経営者・取締役	12.7%
(N)	187		47		121		252	

他国で取得

	高卒		准学士		学士		修士	
1位	食品調理給仕	14.7%	販売	14.3%	数学・コンピューター科学者	15.7%	数学・コンピューター科学者	28.4%
2位	清掃・ビル設備サービス	12.3%	事務職	12.5%	販売	11.5%	経営者・取締役	14.9%
3位	販売	12.2%	食品調理給仕／運輸・運送	11.6%	医療関係者（医師・看護師）	11.1%	販売	11.0%
(N)	641		112		1092		335	

そも他国の学位を持つ者の間には一定以上の失業者がいることを考慮すると，両者が等しく評価されているとはいえない。なお資格取得者の場合も，アメリカ国内での資格にアドバンテージがみられ，回答者の3割はホワイトカラー職や専門職についているが，他国の資格の場合は単純労働従事者が多くなる。

5. 移住後の職業達成にみられるジェンダー構造

(1) 学歴達成にみられるジェンダー差

これまでみてきた学位・資格の職業達成に対する効果には，何らかのジェンダー差があるのだろうか。図表は省略するが，男女別に学位・資格取得状況を比較すると，学士以上の学歴を持つ者は男性41.2%，女性32.6%と，より高度な学位を持つ者は男性のほうに多かった。なお，アメリカで取得した学位・資格を持つ者は男性18.3%，女性15.9%であり，大きな差はみられなかった。ただし学位段階別にみると，どの学位をどの国で取得したかについてはジェンダ

資格×取得国

した学位

博士		法学・医学博士		職業資格あり	
数学・コンピューター科学者/教師	26.2%	医療関係（医師・看護師）	71.4%	医療技術補助	15.6%
数学・コンピューター科学者/教師	26.2%	管理職	14.3%	事務職	14.6%
自然科学研究者	13.8%			清掃・ビル設備サービス	9.4%
65		6		96	

※参考

学位・資格なし	
食品調理給仕	14.9%
清掃・ビル設備サービス	14.4%
生産設備制御・監視	13.8%
1296	

した学位

博士		法学・医学博士		職業資格あり	
自然科学研究者	32.9%	医療関係（医師・看護師）	20.3%	清掃・ビル設備サービス	15.2%
教師	24.3%	医療技術補助	18.8%	販売	10.0%
数学・コンピューター科学者	8.6%	経営者・取締役	7.8%	食品調理給仕	9.7%
70		64		401	

一差がみられ、たとえば男性の持つ博士号の54.3％はアメリカで取得したものであるのに対し、女性の場合はわずか24.5％にすぎなかった。一方、女性の場合は渡米後の准学士取得者が多く、准学士の25.4％がアメリカで取得していた。

(2) 渡米後の職業達成にみられるジェンダー差

調査時の就業率は、男性73.1％、女性45.7％と男性のほうが圧倒的に高かった。女性は半数以下の者しか就業していないが、この割合はアメリカ社会の過去の国勢調査の値と比べて著しく低い。たとえばアメリカ国内における女性の就業率は、1975年は49.3％であったが、2016年には70.4％に上昇している（Vespa 2017: 10）。NISで抽出された移民女性の就業率は、アメリカ社会全体における1975年段階での女性の就業率程度の水準だということであり、移民女性にとっての職業達成の難しさを示している。

失業率は男性16.2％、女性17.2％と男女差はみられなかったが、主婦・主夫率は女性のほうが高く（男性0.8％、女性24.5％）、結果的に非就業者は女性に多

第8章　国境を越えた職業達成に対する学歴の効果　　129

かった。法的な主婦優遇制度もなく離婚率も高いアメリカ社会において，女性が主婦でいることのリスクは日本以上に高い。それにもかかわらず4分の1の移民女性が主婦となっており，その経済的基盤は移民男性より脆弱である。

さらに，従事している職業をみると，移民男性の第1位は数学・コンピューター科学者（12.3％），2位には建設・採掘の職業（10.6％）と，いわゆる高度人材移民と，移民にとって典型的な仕事といわれてきた肉体労働に従事する者とに分かれていた。一方，女性は第1位が清掃業（13.3％），2位が食品調理給仕（10.3％）と，同じく典型的とされる単純労働についている者が多い。

なお，移民女性が従事できる唯一の専門職といえるのが医療技術補助（8.0％）であった。ここには歯科衛生技師など医療行為の技術補助をする業務全般が含まれる。ただし，同じ医療業務専門職ではあれ，医師より圧倒的に低賃金・低威信の職業である。このようにアメリカの移民の就業状況は，きわめてジェンダー化された構造下にある。その証拠に「高度人材」カテゴリーに入るような職業従事者は，そのほとんどが男性であった[8]。

(3) 職業達成×学歴×ジェンダー

続いて学位・資格別，男女別に就業状況をみたところ，男女ともに高度な学位を持つ者ほど就業率が高く，女性の場合は高度な学位を持つほど，主婦率も減少することがわかった。ただし同一学歴内で比較すると男性のほうが常に10％以上就業率が高い。たとえば博士号を獲得した移民女性の就業率は77.4％に上るが，この値は学士号を持つ移民男性を少し上回る程度でしかない。

表8-6はさらに，学位・資格取得国がアメリカか他国かに分けて，男女別，学位段階別に就業状況を示したものである。ここでもアメリカで学位を取得したほうが，他国で同段階の学位を取得するよりも有利であることがわかる。

興味深いのは，アメリカで准学士以上，修士以下の学位を取得した移民女性は，他国で同一段階の学位を取得した移民男性を上回る就業率に達している点である。たとえばアメリカで学士を取得した移民女性の就業率は75.0％であり，これは他国で取得した准学士を持つ男性（71.4％）を上まわる。すなわち，移民女性にとって，アメリカで准学士以上の学位を取得することは，ジェンダー格差を部分的ではあれキャンセルする効果を持っているのである。

表 8-6 現在の就業状況×学位×取得国×男女別

		アメリカ学位					他国学位				
		高卒	准学士	学士	修士	博士	高卒	准学士	学士	修士	博士
男性	就業中	82.8%	94.7%	87.3%	94.5%	94.7%	71.8%	68.4%	71.4%	75.6%	83.3%
	失業・求職中	10.4%	5.3%	7.6%	3.0%	3.5%	18.8%	18.9%	18.0%	17.5%	14.6%
	主婦・主夫	0.7%	0.0%	1.3%	0.0%	0.0%	0.6%	3.2%	0.4%	1.0%	0.0%
	全体（N）	134	19	79	165	57	515	95	894	308	48
女性	就業中	57.4%	81.8%	75.0%	80.5%	84.6%	44.7%	49.5%	53.9%	49.3%	75.0%
	失業・求職中	13.2%	0.0%	7.4%	7.6%	0.0%	19.8%	20.6%	16.7%	23.4%	15.0%
	主婦・主夫	7.8%	15.2%	10.3%	5.9%	0.0%	22.6%	21.6%	18.0%	17.2%	0.0%
	全体（N）	129	33	68	118	13	602	97	813	209	40

 とはいえ，アメリカの学位を持つ者だけを取り出し男女比較すれば明らかなように，アメリカ学位の移民女性に対する効果は，男性よりずっと小さいことも事実である．さらに，他国で取得した学位を持つ移民女性は，自らの学位からの恩恵を最も受けることができない．移民女性の職業達成には，学歴というメリトクラティックな要因の上に，ジェンダーの要因と，学位の取得国というナショナルな要因とが加算されているのである．

 続いて図8-1は，現職の国際社会経済的職業スコア（ISEI）平均値を，学位・資格，取得国，男女別に示したものである[9]．性別，取得国いかんにかかわらず，学位の段階が職業スコアに影響することが一目瞭然である．

 さらに同一学位であれば，アメリカの学位を持っているほうが職業スコアの高い仕事に就いていることもわかる．また女性がアメリカの学位を持つことで，少なくとも同レベルの国外学位を持つ男性よりは職業スコアのより高い仕事に到達することができるという逆転現象がここでも確認できる．すなわち移民女性にとってアメリカの学位を持つことは，就業可能性を高めるだけでなく，より社会経済的地位の高い職業につくことも可能にし，少なくとも移民集団内における職業達成のジェンダー間格差を「部分的に」解消する役割を果たしてい

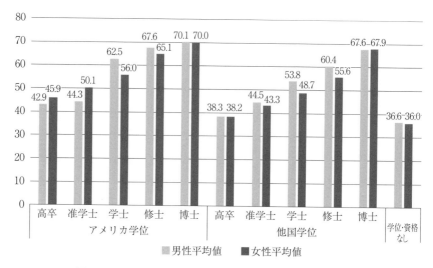

図 8-1　現職スコア（ISEI）平均値×学位×取得国×男女

る。その一方で他国の学位だけしか持たない移民女性は，ジェンダーの要素とナショナルな要素の双方から学位の価値を低減されることにより，「矛盾した階級移動」（Parreñas［2001］2015）を経験しやすい構造となっている。

(4) 新規学歴は移住後の職業達成にどこまで影響するのか

最後に，アメリカ移住者の職業達成に対する，学位というメリトクラティックな要因，学位取得国というナショナルな要因，そしてジェンダーの要因がどのように絡むのかを考察するために，現職の国際社会経済的職業スコア（ISEI）を従属変数とした重回帰分析を行った（表8-7）。モデル1は基本的な属性と，高卒以上の学位のダミー変数を組み込んだものである。モデル2はそこに，ナショナルな要因としてアメリカで取得した学位かどうかを加えた。さらにモデル3は先行研究において指摘された他国の学位の効果について，同じ英語圏国家のイギリス・カナダの学位（計209名），その他の国の学位で取得者の多い上位4国，インド（556名），フィリピン（398名），メキシコ（312名），中国（227名）の学位の効果を加えた。最後のモデル4は会話英語の理解力変数（4段階自己評価）を追加したものである。

表 8-7 移民の職業達成を規定する要因（重回帰分析）

	モデル1				モデル2				モデル3				モデル4			
	B	標準誤差	β	P	B	標準誤差	β	P	B	標準誤差	β	P	B	標準誤差	β	P
(定数)	37.489	0.849		***	36.859	0.844		***	37.272	0.811		***	24.722	1.027		***
年齢	-0.136	0.019	-0.083	***	-0.095	0.020	-0.058	***	-0.096	0.019	-0.059	***	0.001	0.019	0.001	
渡米年数	0.261	0.031	0.101	***	0.145	0.033	0.056	***	0.129	0.033	0.050	***	-0.013	0.033	-0.005	
男性ダミー	2.118	0.379	0.065	***	2.195	0.376	0.067	***	1.714	0.365	0.052	***	1.271	0.358	0.039	***
高卒ダミー	3.594	0.582	0.084	***	2.335	0.593	0.055	***	1.241	0.580	0.029	*	-0.481	0.580	-0.011	
准学士ダミー	9.375	1.075	0.105	***	7.552	1.083	0.085	***	6.288	1.042	0.071	***	3.412	1.044	0.038	**
学士ダミー	17.162	0.525	0.465	***	16.275	0.529	0.441	***	12.767	0.563	0.346	***	9.050	0.592	0.245	***
修士ダミー	26.686	0.649	0.539	***	24.115	0.701	0.487	***	20.196	0.705	0.408	***	16.236	0.734	0.329	***
博士ダミー	33.037	1.175	0.337	***	30.299	1.201	0.309	***	26.496	1.173	0.270	***	21.637	1.180	0.222	***
JDMDダミー	25.876	1.638	0.186	***	25.028	1.626	0.180	***	23.783	1.564	0.171	***	19.459	1.530	0.142	***
不特定学位ダミー	0.751	2.630	0.003		0.316	2.606	0.001		0.167	2.499	0.001		-0.185	2.449	-0.001	
有資格ダミー	5.161	0.689	0.097	***	3.837	0.698	0.072	***	2.658	0.681	0.050	***	0.905	0.680	0.017	
US学位取得ダミー					5.444	0.591	0.125	***	8.100	0.595	0.186	***	6.421	0.592	0.148	***
英・加学位									12.312	1.066	0.132	***	8.388	1.283	0.074	***
インド学位									12.840	0.736	0.210	***	10.921	0.716	0.183	***
フィリピン学位									1.210	0.856	0.017		-1.230	0.837	-0.018	
メキシコ学位									-1.308	0.927	-0.016		-0.054	0.895	-0.001	
中国学位									2.132	1.256	0.019		4.609	1.211	0.042	***
会話英語理解力 a)													4.321	0.234	0.260	***
n	4516				4516				4516				4312			
R²値	0.397				0.409				0.457				0.501			

従属変数＝現職国際社会経済的職業スコア（ISEI）
a) 会話英語理解力は，「4＝Very well」〜「1＝Not at all」の4段階自己評価
***P<.001, **P<.01, *P<.05

重回帰分析の結果，まず移民の職業達成においては，年齢が若く，滞米年数が長く，男性であり，そして何らかの学位・資格を持つ者のほうが，高い社会経済的地位についていることがわかる（モデル1）。学位レベルの基準カテゴリーは「学位・資格なし」であるが，モデル1の非標準化偏回帰係数（B）をみると，高卒資格を持つことは学位・資格がない者より社会経済的職業スコアを3.594，学士号では17.162，修士号26.686，博士号33.037，何らかの資格を持つことも5.161職業スコアを上昇させることがわかる。なお，標準化偏回帰係数（β）を比較すると，職業スコア上昇のためには滞米年数や性別（男性）よりも，学士以上の学位をもつほうが効果的であることもわかる。さらにモデル2をみると，アメリカの学位・資格を持つことはこれらの変数とは独立のプラスの効果を持っており，単独で職業スコアを5.444上げるものであった。

　モデル3は先行研究をもとに，英語圏内および非英語圏からの移住における母国学歴のアドバンテージの有無をみたものである。分析結果からは，アメリカと歴史文化的関係性の深いイギリス・カナダの学位を持つこと，また高等教育が英語で行われ，大卒IT技術者の輩出率も高いインドの学位を持つことが，職業スコア上昇に英加両国学位とほぼ同程度の効果を持っていることが明らかである。他方，フィリピン，メキシコ，中国の学位は職業スコア上昇に対する有意な効果はみられなかった。なおモデル4からは，英語力が学位と並んで職業スコア上昇に大きな影響を持つことがわかる。また，それまで有意な効果がみられた年齢，滞在年数，高卒学位，資格ありの各独立変数の効果が消滅し，イギリス・カナダの学位取得者の効果が減少している。これらの変数の背景には移民の英語力に対する評価が隠れていたということである[10]。なお，英語力を統制すると中国の学位の効果もわずかではあれ発生しているが，インドと同様，IT産業を中心とするアメリカの労働市場が高度人材の源を中国に求めていることを反映したものと考えられる。

6. 国際移動とメリトクラシー，ジェンダー，ナショナリティの交差

　以上本章では，アメリカ合衆国の新規移民を対象としたNISのデータを分析し，国境を越えた社会移動に対して，学歴やジェンダーや学歴取得国といっ

たナショナルな変数がどのような効果をもつのかを考察した。本章で明らかになったことは以下のとおりとなる。

① 国際移動前後の職業キャリアには少なからぬ分断がみられる。全体的にみて国際移動は，職業の下降移動を引き起こす。
② 同じ学位レベルの場合，他国で取得した学位はアメリカの学位より価値が「値引き」される。一部の高学歴高度人材を輩出する国家の学位はアメリカ同等に評価されるが，全体的にみれば国内学位という「ナショナルな枠組み」は大きな意味を持っている。
③ 職業達成に対する学歴の効果には，ジェンダー差がみられ，女性の学位は男性のそれよりも低く価値づけられている。ただし，移民女性であってもアメリカで学位を獲得した場合，他国の学位しか持たない移民男性よりも高い地位につくという逆転現象もみられた。
④ 英語力は移民の職業達成機会を大きく拡大し，高等教育以上の学位を持つことに匹敵する，独立した効果を持っている。

　国境を越えた移動者の学歴と職業達成は，単純な社会的トラッキングの法則に則るものではない。そこにはメリトクラティックな要因に，ジェンダー要因，さらに学位取得国というナショナルな要因が交差する。しかしながら移民国家アメリカでは，移民が一度アメリカ学位を取得すれば，移民内部のジェンダー格差を部分的であれ乗り越えられる「生まれ変わり」のチャンスも与えられていた。英語力という後天的に習得しうる能力が職業達成に与える効果も少なくない。すなわち，移民が何らかの（再）教育——新たな学位・資格の取得や英語力の向上——機会を掴めば，移住後も地位上昇の可能性が開かれている。移民労働者受け入れが急ピッチで進められる日本社会でも，労働者たちが享受できる（再）教育機会——後期中等，高等教育進学機会やコミュニティ・スクール等での職業資格や日本語学習機会——を整備することは，極めて重要といえよう。

註

1) 本章は科学研究費補助金基盤研究（C）15K03879「戦後アメリカ移住日本人女性のエスニック・ネットワーク形成に関する研究」（2015〜18年度，研究代表：中西祐子）の成果の一部である。なお，NIS-2003-1 データの使用にあたっては，Princeton University, Office of Population Research (OPR) からデータ使用の許可を得た。

2) 「新規に永住権を獲得した者」の中には，直前に渡米した者，それ以前まで非永住ビザでアメリカに居住していた者，中には非合法滞在だった者も含まれる。

3) 主な調査項目は次のとおりである。A票：回答者と家族の基本情報，B票：アメリカ移住前の経験，C票：雇用状況，D票：健康状態，E票：保険，F票：健康ケア活動，G票：回答者収入，H票：家族収入，I票：送金状況，J票：言語，宗教，永住までの経験，K票：出生後の国際移動経験，L票：同居未成年者の保護者に関して，M票：同居子どもに関して。

4) 成人調査において USCIS の公的記録からサンプリングされた者は 12,500 人，回答者数 8,573 人，回答率 68.6％であった。なお，永住権を持つが，調査時にアメリカ国外居住だった者（OS）は本分析からは除いた。調査の詳細は NIS ウェブサイト：http://nis.princeton.edu/ を参照のこと。

5) NIS 公開データでは，出身国について人数の多い上位 22 位までしか国別コードが公開されておらず，それ以下の順位の出身国については地域グループ別にコードが与えられている。

6) 現職の上位 10 位は①使用人・家内清掃（4.2％），②コンピューター・ソフトウェア・エンジニア（4.1％），③レジ係（3.7％），④ビル管理・清掃（3.4％），⑤調理人（3.2％），⑥正看護師（2.9％），⑦ケア業務（2.8％），⑧小売販売人（2.6％），⑨コンピューター・プログラマー（2.1％），⑩ドライバー（1.8％）であった。分析対象者の職業が，単純労働（清掃業務，レジ係，調理人，ドライバーなど），高度人材（IT 系専門家），ケアワークの 3 領域に分かれていることがわかる。

7) 国際社会経済的職業スコア（ISEI）は，SSM 調査の職業威信スコアに近いものといえる。詳しくは Ganzeboom ほか（1992）を参照のこと。

8) 各職業カテゴリーに就業している者の男女比を算出すると，数学・コンピューター科学者は 83.8％が男性，医療技術補助者は 81.4％が女性であった。

9) 国際社会経済的職業スコア（ISEI）は次のとおり算出した。①スコアは NIS 調査団体が分類している 31 の職業カテゴリーごとに設定した。②各職業カテゴリーのうち回答者割合の高い職業の職業スコアを Ganzeboom et al. (1992) で確認し，その平均値を算出した。③職業構造変動のため同一職業がない場合は近似の職業のスコアを与えた。④ NIS が同一カテゴリーに分類している医師と看護師は独立させ各々スコアを与えた。スコアの最高値

は85（弁護士・裁判官と医師），最低値は25（清掃・ビルサービスと農林漁業）である。
10) モデル1〜3では年齢が若いほど職業スコアが高いという，通常の見解とは異なる結果が得られていたが，その背景にはこの英語力が隠れていたものといえる。若い世代ほど英語力が高いことにより，社会経済的地位のより高い職業に到達することができたと考えられる。

参考文献

明石純一・鐘春柳，2015，「シンガポールの人材獲得政策」五十嵐泰正・明石純一編著『「グローバル人材」をめぐる政策と現実』明石書店，pp. 40-55.

藤田英典，1980，「進路選択のメカニズム」山村健・天野郁夫編『青年期の進路選択』有斐閣，pp. 105-129.

伊藤るり・足立眞理子編著，2008，『国際移動と〈連鎖するジェンダー〉』作品社．

岩木秀夫・耳塚寛明，1983，「高校生：学校格差の中で」岩木秀夫・耳塚寛明編『現代のエスプリ・高校生』至文堂，pp. 5-24.

松下奈美子，2016，「科学技術分野における高度人材の集団的国際移動に関する社会学的考察」『移民政策研究』第8号，pp. 138-153.

小ヶ谷千穂，2002，「ジェンダー化された海外出稼ぎと『矛盾した移動』経験：フィリピンの事例から」『年報社会学論集』第15号，pp. 189-200.

小ヶ谷千穂，2016，『移動を生きる――フィリピン移住女性と複数のモビリティ』有信堂．

竹ノ下弘久，2004，「滞日中国人男性の所得決定構造――出身国と日本の学歴効果の比較」『年報社会学論集』第17号，pp. 202-213.

竹ノ下弘久，2005，「国境を越える移動に伴う階層移動――出身国の職業と現職に関する移動表分析」『ソシオロジ』50(2)，pp. 53-195.

手塚沙織，2015，「アメリカの高度人材に対する移民政策の変遷と現在の動向」，五十嵐泰正・明石純一編著『「グローバル人材」をめぐる政策と現実』明石書店，pp. 22-39.

Akresh, I.R., 2008, "Occupational Trajectories of Legal US Immigrants: Downgrading and Recovery," *Population and Development Review*, 34(3), pp. 435-456.

Brown, P., 2000, "The Globalisation of Positional Competition?" *Sociology*, 34(4), pp. 633-653.

Castles, S. and Miller, M. J., [1993] 2009, *The Age of Migration*, Palgrave Macmillan（関根政美・関根薫訳，2011，『国際移民の時代〔第4版〕』名古屋大学出版会）．

Ganzeboom, H. B. G., De Graaf, P. M. and Treiman, D. J., 1992, "A Standard

International Socio-economic Index of Occupational Status," *Social Science Research*, 21, pp. 1-56.

Jasso, G., Massey, D. S., Rosenzweig, M. R. and Smith, J. P., *The U.S. New Immigrant Survey: Overview and Preliminary Results Based on The New-Immigrant Cohorts of 1996 and 2003*, September 2004 Revised March 2005, (Retrieved April 7, 2018, http://nis.princeton.edu/downloads/nis_2003/JMRS-IRSS-NIS-Overview-2005.pdf).

Parreñas, R. S., [2001] 2015, *Servants of Globalization: Migration and Domestic Work*, 2nd Edition, Stanford University Press.

Vespa, J., 2017, *The Changing Economics and Demographics of Young Adulthood: 1975-2016*, US Census Bureau, (Retrieved April 9, 2018, https://www.census.gov/content/dam/Census/library/publications/2017/demo/p20-579.pdf).

第Ⅳ部　子どもと教育の最前線

第9章

選択としての発達障害と医療格差
―発達障害児の親へのインタビュー調査から―

木村　祐子

1. 発達障害という「選択」

　発達障害という言葉をよく耳にするようになったのは，2000年に入ってからであろう[1]。2000年以降，メディアは「片づけられない女」，「空気が読めない人」，「大人の発達障害」などさまざまな事象を「発達障害」と結びつけて語るようになった。2004年には，発達障害児・者のための支援法が成立した。精神薄弱者福祉法（知的障害者福祉法）が1960年に施行されているのであるから，発達障害がいかに新しいカテゴリーであるかがわかる。2000年以降，急速に一般化した発達障害という語彙と発達障害児・者のための制度化には目をみはるものがある。
　落ち着きがない子，ちょっと変わった子，こだわりの強い子，不器用な子，わがままな子，勉強ができない子。子どもに付与されるこれらのレッテルは，教育現場で頻繁に使われてきた言葉である。2000年以降，これらの子どもには「発達障害」という診断が付与されるようになった。子どもは，ある時期を境に「障害児」となったのである。この非医療から医療への変容を社会学では医療化（medicalization）と呼ぶが（Conrad and Schneider 1992=2003），この急速な変容は当事者に何をもたらしたのだろうか。
　支援が必要な子どもを特定し，「障害」のレッテルを付与し，特別な支援をすることは望ましいことのように語られがちである。しかし，当事者からすれ

ば「発達障害児」になるということは，今後，健常児には戻れないということを意味する。この不可逆性は，当事者に戸惑いと葛藤を生じさせる。当事者のなかには，診断を付与しようとする医療や教育機関と距離を置くことで，「障害児」であることを拒否する者もいる（本章3節参照）。

　反対に，当事者（親を含む）が積極的に診断を求め，受容することもある。こうして発達障害児・者であるということは，当事者の「選択」でもある。パーソンズ（Parsons, T.）が病人役割（sick role）について言及したように，病気や障害のレッテルが付与されると，当事者は社会的役割を免責される代わりに，障害を克服しようとする義務を負う（Parsons 1951=1974）。発達障害の場合においても，免責される側面はあるのだが，免責によって得られるものには限界がある（立岩 2014）。それでも，障害児・者であろうとする理由は何か。公的支援が受けられるからであろうか。仮にそうだとして，公的支援はだれでも等しく受けられるものなのだろうか。少なくとも，発達障害の診断を受容できない親の子どもは，支援をなかなか受けることができない。

　筆者は，これまで発達障害児の親を対象にインタビュー調査[2]）を実施してきた。親の語りによれば，「発達障害児」として支援が受けられるかどうかは，親の医療に対する意識や態度（障害の受容度，熱心さ，情報収集力，障害に関わる知識の有無など）の影響を大きく受ける。それだけではない。親の属性（家庭環境，経済力，障害の有無など）の影響もみられる。つまり，医療（支援）アクセスにおける格差が生じている。もちろん，ヒアリング調査が対象にしたのは限られた人の語りであり，医療（支援）アクセスの問題について量的に捉えたものではない。しかし，当事者の語りにも，発達障害支援における医療（支援）の格差が存在することが示されている（本章4節参照）。そこで，本章では医療化現象としての発達障害がどのように取り扱われてきたのかを概観し（本章2節），当事者の母親の語りを紹介しながら，発達障害児・者として支援を受けるということは，どのようなことなのかについて明らかにする（本章3節）。そして，本章4節で語りの中から抽出された医療（支援）アクセスの格差を概念化するとともに，教育社会学が医療格差の問題を取り扱ってこなかった背景について考える。

2. 医療化現象としての「発達障害」

(1) 魔法の語彙としての「発達障害」

　1990年代後半,教育現場では「学級崩壊」が社会問題化していた。児童は,授業中にもかかわらず,好き勝手に立ち歩き,私語をし,教員に反抗的な態度をとった。メディアは,ベテラン教師が教室を統制できず困惑するシーンをたびたび取り上げた。当初,問題の原因は,教員の指導力不足や親のしつけ不足にあると語られたが,ある時期から医療的に説明されるようになった。児童には,発達障害に分類される「学習障害（LD）」や「注意欠陥多動性障害（ADHD）」のレッテルが付与されたのである。こうして,学級崩壊の原因や解決策は医療的に扱われるようになった。その後も,医療的な説明はさまざまな社会問題（いじめ,不登校,ニート,非行,犯罪など）の原因と対策を語るときの切り口として,重宝され続けた。おそらく,専門家以外の人々にとっては,発達障害に分類される障害がどのような障害なのか（障害の範囲,境界線など）十分に理解されていなかったであろう。障害の定義をめぐる曖昧さは,教育や医療現場においてもたびたび議論になってきた論点である。しかし,曖昧であるからこそ,発達障害という語彙は神秘性を帯び,さまざまな問題の原因になり得た。発達障害は曖昧に適応できる性質を有しており,「あいまいとみなされ,そのように扱われるからこそ,その場の状況と文脈に応じて不可解なさまざまな行為を発達障害に帰属させ,『つながりをつくり出す』ことを常識,慣習,文化といった一定の枠内で容易に可能とする」（鶴田 2018: 167）。

　原因不明で対策を講じることのできない社会問題は,人々の不安をかきたてる。たとえば,1997年の神戸連続児童殺傷事件では,加害少年の猟奇性や異常性がセンセーショナルに報道され,人々の不安を煽った。理解しがたい事件は,加害者少年に付与された「行為障害及び性障害」という専門用語によって説明可能になったのである。こうして発達障害やその周辺的な障害は,表面的には問題の原因と対策を示すことのできる魔法の語彙になった。

(2) 発達障害という説明力の限界

　発達障害による説明は，社会問題の原因と解決のための道筋を示した点で一定の貢献をもたらしたが，2000年代中ごろになると，その説明力は失われつつある。とりわけ，少年事件報道における精神疾患の扱われ方は顕著である。メディアでは，加害者少年が発達障害などの精神障害者として扱われるプロセスが減退している（加藤・木村 2018）。以下に，医療的な説明力が失われている背景について3つの視点から論じる。

① 社会が「発達障害」を作る

　発達障害支援の制度化は，従来の特殊教育の枠組みでは支援の対象となってこなかった層，すなわち，知的障害ではないが，学校文化に適応できないという問題を抱えている児童に焦点をあてた点で大きな注目を浴びた。発達障害は，「正常（健常）」と「異常（障害）」の境界線（グレーゾーン）に位置し，それを連続体として捉えるカテゴリーであるため，どこからどこまでが発達障害であるのかを確定しづらい概念構造になっている。では，なぜこうしたグレーゾーンの人々が注目されるようになったのだろうか。

　逸脱研究における実証主義的アプローチに依拠すれば，発達障害にみられる症状をもつ人々が増え，医療的な研究の蓄積により，発達障害が発見されたということになる。しかし，多くの医師は発達障害の研究がまだ十分になされておらず不明瞭であることや原因の不確定さを認めている（太田編 2006）。発達障害児・者の人数が増え続けているのも，今まで知られてこなかったカテゴリーが制度化したことで人々のまなざしが変化し，診断される人が増えたにすぎない。

　このように，発達障害の制度化は，社会的背景の影響を受けている。たとえば，発達障害はもともと子どもに付与される診断であったが，診断を付与される範囲が大人にまで及んでいる。その背景の1つには，日本における職業構成の変化があげられるだろう。戦後，日本の職業構成は大きく変容した。経済成長を通じて，1950年代には4割を超えていた「農林漁業」は，現在では1割も満たない。その代わりに台頭してきたのがサービス業などの第3次産業（現在は約7割を占める）である。こうした職業の多くは，これまであまり求めら

れてこなかったコミュニケーション能力や感情管理を要する。第3次産業が増加すれば、一定数、こうした労働に向かない人たちがでてくる。そこで、彼らに「発達障害」のカテゴリーをあてはめ、支援の対象にしたのである。

> 根気はいるがたんたんとやっていく仕事、黙ってやっていけばよい仕事が——一部コンピュータ関連等ではそうした仕事が新たに起こったのではあったが、総体としては——減った。そのようにして生産力・生産性が増大し、とくに今あげたような仕事をする人が不要になり、人手がますます余るようになった。それは「不適応」な人たちが目立つことでもあり、その人たちをなんとかしようという動きにつながるものであった（立岩 2014: 250-251）。

　学校も同様である。高学歴化し、学校という組織に長く通うことが当然視されるからこそ、そこに適応できない人の存在が目立つようになる。学業や人との付き合い方が苦手であれば、義務教育後にあえて学校に行く必要はない。しかし、中卒者が正規職員として就職し、経済的に自立することは現状では困難であり、高校、大学へと進学せざるをえないのである。
　筆者は当事者の母親だけでなく、支援者にもヒアリングをしてきたが、当事者や支援者は、障害が社会的に作り出される側面について自覚的ではない。障害の社会構築性を理解することは、当事者の問題を直接的に解決するものでも、将来の希望につながるものでもない。しかし、発達障害児・者であるということがある部分で「選択」をともなうものであるのならば、当事者も支援者も社会に作り出される「発達障害」という視点をもつべきだろう。

②　発達障害児とみなされること
　発達障害は、社会的弱者に付与されやすい特徴を持っている。児童養護施設や矯正施設（少年鑑別所、少年院など）に入所している子どもは、発達障害である可能性が高いと報告されている（藤川 2008; 横谷ほか 2012 他）。こうした子どもは、家庭的に恵まれておらず、経済力・家庭力の欠如（給食費未納、朝食ぬき、未提出物・忘れ物の多さ）、低学力、逸脱的行為（授業の妨害、いじめ、暴

力，盗み）など学校文化になじめていない。

　発達障害の症状は，脳の機能障害であり，家庭環境によるものではないとされているが，環境が発達障害に与える影響は大きいとされている。非行問題では，劣悪な環境が非行少年の障害をより重篤な障害へと移行（ADHD→反抗挑戦性障害→行為障害→反社会的人格障害）させることが指摘されている（齊藤 2000）。また，児童虐待の問題では，被虐待児が家庭環境の悪化によって発達障害のような症状を顕現させると指摘されている（杉山 2007）。発達障害は，所属している社会に適応できているかの問題であることを踏まえれば，脳の障害であっても，環境要因を除外して発達障害の実態を捉えるのは難しいということになる。

③　差別という視点

　神戸連続児童殺傷事件を契機に，少年事件の原因として「発達障害」に注目が集まるようになった。メディアは，加害少年に付与される「行為障害」「広汎性発達障害」「アスペルガー症候群」など発達障害やその周辺的な障害をセンセーショナルに取り上げた。しかし，2000年代中ごろになると少年事件の原因としての「発達障害」は説明力を失っていく（加藤・木村 2018）。その背景の１つにあるのが2004年に制定された発達障害者支援法である。発達障害者支援法12条では，発達障害者への差別を禁じ，人権を守らなければならないことが記載されている。

> 国及び地方公共団体は，発達障害者が，その発達障害のために差別されること等権利利益を害されることがないようにするため，権利擁護のために必要な支援を行うものとする。

　発達障害児・者の人数は正式に公表されていないが，発達障害児の多くが通っている通級（小学校）の人数は1993（平成5）年に11,963人であったのが2016（平成28）年には87,928人であり約7倍増えている（文部科学省「平成28年度（2016年度）通級による指導実施状況調査」）。発達障害児・者が増えれば増えるほど，差別や人権の観点から，社会問題の原因を発達障害に見出すことは

難しくなる。実際，少年事件の報道に対しては，親の会が「発達障害児＝少年事件」の報道に憤りを感じ，クレイム活動を行っている。「発達障害＝悪」を連想させるような報道は，差別的なものであり，今後衰退せざるをえない。こうして，社会問題の原因や責任の所在はますます捉えどころのないものになっており，発達障害や周辺的な障害は，人々の不安を解消する魔法の語彙ではなくなっている。

3. 当事者が抱える問題

(1) 発達障害児という「選択」

「発達障害児」であるということは，いかなることなのか。子どもはどのようにして，「発達障害児」になるのか。子どもが障害の可能性を疑われ，医療機関で発達障害であると診断されると，「発達障害児」として支援の対象になるのだろうか。答えは否である。

前述したように，発達障害は「正常（健常）」と「異常（障害）」の境界線に位置しているため，どちらに属しているのかを確定しづらい曖昧さを有している。これまでも診断の曖昧さは課題となっており，健常／障害の境界性は明確ではない。そのため，当事者やその親は「障害児・者」として生きるかどうかの「選択」をさまざまな場面（検診，就学前検診，進路選択，手帳取得など）でする。ただし，ここでいう選択とは，子どもの場合，現実的には当事者というよりも親が行う。子どもの意向がすべて無視されるわけではないが，幼少期に子どもが判断することはほとんど不可能なことであり，親が「障害児」として生きていくのかを選択することになる。当事者やその親が積極的に医療機関での診察を求め，障害を受容し，「発達障害児・者」であろうとすることもあれば，障害のレッテルを拒否し，公的な支援をまったく受けずに「健常児・者」として生きることを選ぶこともある。前者は，多くの当事者研究で報告されているように，当事者とその親が診断を受け入れることで，親や教師は自分のしつけや指導力不足ではなかったことに安堵し，自責感や罪悪感から解放される（木村 2005）。後者は，筆者がインタビューしたHさん（発達障害児の母親）の語りに表れている。Hさんの子どもは年少の時に，療育センターで発達障害の

疑いがあると指摘されるが，Hさんは診断に強い抵抗を示す。療育センターは，診察・療育を受けるように繰り返し勧めるが，Hさんは子どもの障害を受容[3]できず，世間体を気にして頑なに「障害児」として診察・療育を受けることを拒否する。

　　<u>療育センターの療育とかにも呼ばれてたんですけど。ケースワーカーさんとか，心理士さんに。［療育が］週1回だか，月2回だかあるけれども，幼稚園を早退しなきゃいけないっていうのがあって。それを［幼稚園の先生や園児の親に］説明したくもなかったんですよね，みんなに。信じたくもないし，説明したくもないから。で，「行きません」ていう感じで行かず。</u>（Hさん）

　Hさんの夫は「絶対に障害じゃない」と診断を拒絶しており，Hさんの障害受容をより一層困難なものにさせている。子どもが療育を受けられるかどうかは，母親一人の障害受容だけでなく，一緒に暮らす家族（夫，祖父母，兄弟を含む）が障害を受容できるかによる。その後，Hさんは悩んだ末に医療機関で診察を受けるが，発達障害の診断を受容できずにいる。就学前健診では，発達障害であることを伝えないまま，子どもを通常学級に入れ，子どもに「健常児」としての環境を与えている。小学校では，通級を勧められているが，子どもが嫌がることを理由に通っていない。結局，Hさんは「障害児」であることや支援を拒否した。Hさんのように，たとえ当事者の親が診察や療育を拒否したとしても非難されることはなく，強制的に支援を受けさせようとする力は働いていない。療育センターの担当者は，Hさんに診察を勧めるが「ご両親の意思に任せるからこちらから〔診察を〕強制はできない」と述べ，親が責任をもって選択（診察を受けるかどうか）することであるとみなしている。

　　<u>結局，何も相談せずに普通級に入れちゃいました。入れました。……学校見学とか行って，そういうクラス［特別支援学級］とかを見学する日程とかも組まれてたんですけど。すごく田舎で，小さい町で，小さい学校なので，そんなとこ行ったらすぐに噂になると思ったんですよね。すごく田舎</u>

でうるさい場所なので。で，引っ越してきたばっかりだし，もうそういうのも嫌で，もうとにかくいいっていうことで，普通に，就学前検診受けて通ったんだから，いいと思って。(Hさん)

医療機関での診察を拒否すること，発達障害を隠すことは可能である。知的障害を含まず，発達障害の程度が軽度であればあるほどその傾向は増す。「発達障害」のレッテルが付与されるかどうかは，当事者やその親の意向に大きく左右される。皮肉なことに，子どもへの関心が高く，熱心であり，障害に関する知識が多い親ほど，子どもは「障害児・者」として生きていくルートから外れられなくなる。実際には，健常児・者として生きる道が残っているのだが，子どもの意思（障害者として生きるか，健常者として生きるのか）が問われることなく，親の意向によって「障害」のレッテルが付与される。

近年，発達障害児の早期発見が目指されており，乳幼児健診での声掛けが盛んに行われている。今後，発達障害児・者は，幼少期に発見され，「障害児・者」として生きていくことを早期に決定づけられていくであろう。

(2)「発達障害」と自己責任

発達障害児・者は，公的支援（教育的支援，療育，就労支援など）を受けることができ，当事者とその周辺者の責任は免除される傾向にある。発達障害児・者として生きることで，得られることもあるが，「発達障害」であるがゆえにもたらされる弊害もある。

通常，病いや障害のレッテルを付与された場合，当事者は「病人役割」を担うため，病める人やその周辺者の責任は免除される。保育所における子ども間のトラブルでは，保育士はトラブルを起こした（友達をたたく）発達障害児に謝罪を求めず，悪気がなかったことを周囲の子どもに伝え「責任を免れうる存在」として位置づけていく（末次 2012）。また，小学校の教員も子どもが「できない」ことを厳しく指導することはなく，過度な期待をかけない。当然，子どもの不適応は教員の指導力不足によるものではないと理解される。子どもが所属する文化に適応できないことは，障害をもっているからであり，本人の性格や努力不足によるものではないとみなされる（木村 2015）。親もまた，子育

ての責任から解放され,「自分の育て方が原因ではなかった」と安堵する。発達障害児とその親,支援者である教員の責任はある部分では免除されている。

しかし,発達障害児の親は「障害児・者」の親として生きるという新たな責任を担うようになる。子どもを特別支援学級や通級に通わせるか,医療機関で診察を受けさせるか,療育はどの程度受けさせるのか,障害者手帳を取得させるのかなど,常に発達障害児の親としての責任がつきまとう。問題は,これらの選択が子ども本人というよりも,親に委ねられているということである。大人になってから,自分の意思で診断や支援を求めて,「障害者」となることとは大きく異なる。発達障害児・者であるということが,本人の意思ではなく,親の選択によって決定づけられるのであるならば,そうした選択やそれによって生じた事柄も本人の自己責任になるのだろうか。子どもには自己決定権がないのであるから,幼少期から親の判断によって医療的に管理されることと自己責任の関係性を今後,再考する必要がある。

(3) 医療アクセス・利用の問題

> ソーシャルストーリー（療育方法の1つ）の研修会行くと,親御さんが半数以上です。びっくりしますよ。……もう今はお母さんたちがセラピストです。お母さんたちも能力高い方が多いですね。だから,お母さんたちが［療育を］やっちゃうんですよ。

上述の語りは,病院で発達障害児の療育を担当している言語聴覚士の語りである（木村 2015）。発達障害児の親のなかには,医学的知識や療育方法を熱心に学び,学会に所属し,資格をとり,専門家になる人がいる。勉強熱心な親の存在は,決して珍しいことではない。関連する書籍を何冊も読み,大学や民間が主催する講義を受講し,さまざまな活動にも積極的に参加する。発達障害児・者の親は,「目の前にある困った状態をなんとかしたいから,無我夢中で勉強した」と語る。親はわが子のことを理解し,困った状況を少しでも改善するために,積極的に医療と関わろうとする。しかし,それほどまでに,親を医療へと向かわせるものは何なのだろうか。

① 親の戦略

　発達障害児の親の多くは，わが子の対応に苦慮しており，子どもを理解して適切な対応ができるように，また，日常生活が少しでもスムーズに送れるように，すがる思いでさまざまな知識と情報を得ようとしている。しかし，そこには親たちのさまざまな戦略がある。Dさんは，親の会の主導的な立場であり，「自閉症スペクトラム支援士」の資格を取得しており，その理由について次のように語る。

> 学校に対して，なんかここをこう改善してほしいっていうときに，ちょっと専門の資格があったほうが，耳を傾けてもらえるかなって思って。（Dさん）

　Dさんがこのように語るのは，学校側に何度も要望を出したが聞き入れてもらえなかった経験があったからである。発達障害児のための適切な設備や接し方は，子どもによって異なり，親は学校側に細かく対応してもらいたいと願っている。しかし，校長や担任が障害児支援に積極的ではない時，親の声は届きにくく，検討すらしてもらえず，あきらめざるをえない。特に，校長の障害児に対する考え方や理解度は，特別な配慮の仕方，通常学級と特別支援学級の交流のあり方，行事の取り組み方，設備・教材の工夫などいたるところに影響する。親にとって，資格の取得は，学校側に親の要望を通すための一手段でもあるのだ。

> <u>校長先生の意向によって［宿泊合宿が］ないって。宿泊合宿もうちの学校だけなかったんですね。支援学級の子たちだけで，宿泊が普通あるんですね。……どこの学校でも，どこの区でも，どこの市でもやってるのに，その校長は「そんな必要ない」っていう考え方できたので。私も子どもを預かってもらっている，子どもの学校なのであんまり［言えない］……「この問題にそんなに私もエネルギーをそそがなくてもいいや」って途中で諦めたんですね。</u>（Dさん）

第9章　選択としての発達障害と医療格差　　151

② **経済的不利益**

　発達障害児の親の不安としてよく語られるのは，就学後の療育の場をいかに確保するのかという点である．就学後は，基本的に学校が療育の場となるため，学校以外の公的な療育の場は減る．

　　<u>小学校に入ると，療育機関ってないんですよね．</u>小学校は，学校が療育の場みたいな，教育の場になるので．……だから，学齢期っていうのは，公的な療育機関って，たぶんどこもあまりないんですよね．……本当に少ないんですよ．もうそれこそ親の会に来て，［療育に］行ってるって聞いた情報を集めて，みんなすごい探し回ったりとかして．でも空きがないとか，すごい［値段が］高いとか．（Bさん）

　　<u>就学してからが，行き場所がなくなっちゃう．</u>というか，拠り所がなくなっちゃうので．（Dさん）

　就学後は，公的な療育の場が学校に移行するため，気軽に相談できるような親の「拠り所」がなくなってしまう．熱心に情報収集をし，積極的に療育施設を探す親の子どもだけが民間の療育施設に通うことができる．インタビュー対象者のうちFさん以外は，民間の療育施設に通っていたが，経済的な負担が大きいことを問題視している．公的な療育施設（療育センターや病院）にかかる費用は1回数百円程度であるのに対して，民間の療育施設の費用の相場は，1回（約1時間），5千円から8千円であった．

　　［療育をたくさん］やってる人はほんとに月10万くらいかけて，何か所も［療育施設に］通ってるんで，逆に変な意味でその<u>教育のなんだろ収入格差みたいな．それがやっぱりあるんですよね．障害児の世界でも．</u>（Gさん）

　親が熱心で，経済的にゆとりがある家庭では，民間の療育をより多く受けることができるが，経済的にゆとりがない家庭では，学校以外で療育を受けるこ

とは難しい。Cさんは，自閉症スペクトラム支援士に加えて認定心理士の資格を持っており，その理由を経済的な不利益（療育に通えない）を解消するためだと語っている。

> 正直，裕福な家庭の方しか［民間の療育は］受けられない。で，うち，母子家庭で，私にそんな収入がないと，はっきりいって受けられないんですよ，受けたいと思っても。やっぱり［資格をとったのは］そこ，大きかったかもです。（Cさん）

　親のなかには，専門家のように知識や療育方法を習得しようとはしておらず，「あまり頑張っていない」「なにもやっていない」と謙遜した語りをする親もいた。しかし，そうした親も講義や講演会に出席した経験があり，親の会やペアレントトレーニングへの参加，療育施設の見学，書籍の購読，情報収集を当然のことのように行っている。それでも，彼らは，決して前述した親のように専門家にはなれないし，ならないと差異化して語る。なぜなら，専門家のように知識を獲得することもまた経済的な負担になるからである。

> 知的好奇心で，勉強したいなって気持ちはあるんですけど。やっぱり，体力と費用と時間的に，そこまではちょっと。……やってみたい気はするんですけどね。できるのか……あまりお金のかかんないかたちで。（Fさん）

③　支援を求められない人々

　前述したように，発達障害児が支援を受けられるかどうかは，親を含む家族が障害を受容できているか，経済的なゆとりがあるかということと関連がある。障害の受容度が高く，経済的なゆとりがある親ほど，積極的に医療（療育）を求めることができる。Dさんは親の会などをとおして，多くの発達障害児の親の相談を受けており，母親の積極性によって，受けられる支援が異なっていると語る。

> ただなんか，母親の積極性によって，子どもが受けられるサービスが違う

っていうのは，私はすごく嫌で。……やっぱり，精神的にまいっちゃっているお母さんとかもいて。そういうの調べたり，何かを始めるために，面談に行ったりって，すごくエネルギーがいるから，「そんなことできない，経済的にも無理」って言って，適切なことができないで育ててる人がすごくいるのは感じていて。（Dさん）

　Dさんは，発達障害児に公平に支援がいきわたるように自治体に積極的に要望活動を行っている。
　また，近年，発達障害は原因として遺伝の影響が指摘されており（橋本2015），母親が発達障害等の勉強をするなかで，家族（自分または夫）も発達障害ではないかと気づく場合がある。こうなると，親は子どもの障害を受け入れさえすればいいという話ではなくなる。子どもを通して，夫，もしくは自分が発達障害者であるかもしれないことに直面するのである。

　発達障害児の親は，発達障害だったりすることがあったり，知的障害だったりすることもあるしね。だから，必ずしも，そういうサポートを，積極的に求めていける人ばかりではないし……公には，サポートを求められない人もいるんですよね。（Eさん）

　以上のように，発達障害児の支援は，親の属性（経済力，障害の有無），医療的な態度（障害の受容，熱心さ，積極性）と無関係ではない。こうした医療アクセスの問題は，次節でみるように健康・医療の格差とみなされるようになっている。

4. 逸脱研究における格差論のジレンマ

　これまで，教育社会学は保健・医療における格差を取り扱うことがなかった。格差論といえば，雇用の不安定化による所得格差の拡大であり，教育機会（学力獲得）をめぐる格差の拡大であった（苅谷2001; 耳塚ほか2007他）。子どもの学力が親の経済力，学歴，学歴期待，文化資本などに規定されることを実証的

なデータに基づいて明らかにすることは，教育社会学のメインテーマであり続けている。

しかし，保健・医療分野における格差は，近年，経済学や社会学の分野で注目されるようになっており，健康と医療における「公正」とは何かについての議論が蓄積されつつある（松田編 2009）。松田亮三によれば，保健・医療分野における格差には，健康格差と医療格差がある。第1に，健康格差とは，社会経済的地位によって健康状態に系統的な差が認められることである。職業，所得，人種，教育歴などが人々の健康状態と密接に関連していることが多くの国々で報告されており，日本でもそうした関心に基づいて量的調査が実施され始めている。英国・米国では，1950年代に労働者とホワイト・カラーにおいて健康格差（乳幼児死亡，不健康）が拡大したと指摘されたが，巨額の予算が必要になることからそうした事実が黙殺されてきた歴史がある。1990年代初頭には，健康格差に関する実証的研究は増えたが，各国で政策形成が進んでいないと批判された。1995年には世界保健機関が初めて出版した世界保健報告のテーマを「格差の克服」とし，健康格差への関心がうながされている。実証研究に基づいた政策形成の議論が活発化し，健康の社会規定要因や健康格差の規定要因が論じられ，それらのどこに焦点をあて，政策形成に組み込んでいくのかについての議論が積み重ねられるようになった。こうして健康格差が政治的な問題として取り上げられるようになったのは欧米においても1990年代後半になってからである。

第2に，医療格差は，公平の問題として議論されてきており，健康を回復・保持するために必要なサービスへのアクセスと利用を保障するという多くの国で尊重されている価値基準を侵す問題である。社会格差の拡大は，2つの面で医療格差の問題と関わる。①人々の生活の格差が広がり，所得格差が医療アクセス・利用の格差につながる可能性，②医療施設の配置などが地域の経済状態によって左右され，それによって医療アクセスの格差が拡大することである。日本で問題になったのは，後者の医師労働力の不足や病院の閉鎖など医療サービスの供給についてである（松田編 2009）。

以上のことを踏まえると，本章3節で論じた発達障害の当事者が抱える問題は，医療格差であり，医療アクセスと利用の問題である。親の所得や医療に対

する態度・姿勢（障害の受容の程度，積極性）によって，より多くの支援を受けられる者とそうでない者がいる。

しかし他方で，こうした格差を量的調査によって実証的に明らかにすることは，ジレンマに巻き込まれることも意味する。なぜならば，このような調査は，発達障害を実在するものとして捉えることを必要とするからであり，発達障害が社会構築的な性質のものであることがそこでは見失われてしまうからである。

たしかに，教育社会学における逸脱研究は，逸脱，病い，障害など社会で当然視されている事象やカテゴリーを取り上げ，疑問視し，問いただしていく手法をとってきた。逸脱というカテゴリーをエポケーし，それがいかに社会的な行為，人々の相互作用によって構築されているかを明らかにしてきた。しかし，格差を量的に捉え政策の提言につなげていくことは，発達障害を既知のものとして実体化することにならざるをえない。実体化した発達障害は，語りのなかに現われるものとはまったく別物になってしまうのだ。

これが発達障害の医療格差におけるジレンマである。専門家にとって不確定であり，当事者にとって曖昧なものが，医療アクセス格差に焦点を当てることで実体化され物象化されていくプロセスは，発達障害をめぐる「ポリティクス」として今後検討されていかなければならないだろう。

註

1) 図9-1は，朝日新聞に掲載された「発達障害」の記事件数を示している。

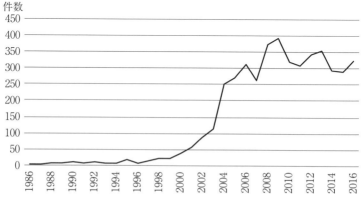

図9-1 朝日新聞の掲載記事件数（発達障害）の推移（1986年～2016年）
（聞蔵Ⅱビジュアル朝日新聞記事データベースを基に筆者が図を作成）

2) 筆者は発達障害児の母親 10 名にインタビュー調査を実施した（表 9-1）。インタビュー調査は，2013 年 9 月に関東地区で実施した。いずれの親も，発達障害に関連する親の会などの団体に所属している。

表9-1　発達障害児の親の属性

名前	子どもの障害	学校種別	学年
Aさん	自閉症，知的障害（重度）	特別支援学校	中学 1 年生
Bさん	知的障害（軽度），広汎性発達障害	特別支援学級	中学 1 年生
Cさん	広汎性発達障害	特別支援学級	中学 1 年生
Dさん	自閉症，知的障害	特別支援学校	中学 1 年生
Eさん	高機能自閉症，緘黙症	専門学校	専門学校生
	軽度知的障害，広汎性発達障害	私立中学校	中学 3 年生
Fさん	広汎性発達障害	通常学級（通級）	中学 1 年生
	広汎性発達障害	通常学級（通級）	小学 3 年生
Gさん	自閉症，知的障害	特別支援学校	小学 3 年生
Hさん	発達障害	通常学級	小学 3 年生
Iさん	高機能自閉症	特別支援学級	小学 4 年生
Jさん	広汎性発達障害	特別支援学級	小学 6 年生

3) ここでいう受容とは，親が子どもの障害をすべて受けとめ納得することを意味していない。発達障害児の親の場合は，障害の受容が達成されるというよりも，常に障害に対する肯定・否定の両方の感情を螺旋的に持ち続ける（山根 2012）。葛藤を抱えながらも障害と向き合い，受け入れようとする姿勢や態度を意味する。

参考文献

藤川洋子，2008，『発達障害と少年非行——司法面接の実際』金剛出版.
橋本俊顕，2015，「自閉症スペクトラム（障害）の展望」『徳島赤十字病院医学雑誌』20(1)，徳島赤十字病院，pp. 1-10.
苅谷剛彦，2001，『階層化日本と教育危機——不平等再生産から意欲格差社会へ』有信堂高文社.
加藤隆雄・木村祐子，2018，「医療化の衰退と物語作用——少年事件をめぐる言説の分析」『アカデミア人文・自然科学編』16，南山大学，pp. 105-118.
木村祐子，2015，『発達障害支援の社会学——医療化と実践家の解釈』東信堂.
松田亮三編，2009，『健康と医療の公平に挑む——国際的展開と英米の比較政策分析』勁草書房.
耳塚寛明・牧野カツコ編，2007，『学力とトランジッションの危機——閉ざされた大人への道』金子書房.
太田昌孝編，2006，『発達障害』日本評論社.
齊藤万比古，2000，「注意欠陥／多動性障害（ADHD）とその併存障害——人格発達上のリスク・ファクターとしてのADHD」『小児の精神と神経』40(4)，

日本小児精神神経学会, pp. 243-254.
末次有加, 2012, 「保育現場における『特別な配慮』の実践と可能性――子ども同士のトラブル対処の事例から」『教育社会学研究』第90集, pp. 213-232.
杉山登志郎, 2007, 『子ども虐待という第四の発達障害』学研.
立岩真也, 2014, 『自閉症連続体の時代』みすず書房.
鶴田真紀, 2018, 『発達障害の教育社会学――教育実践の相互行為研究』ハーベスト社.
山根隆宏, 2012, 「高機能広汎性発達障害児・者をもつ母親における子どもの障害の意味づけ――人生への意味づけと障害の捉え方との関連」『発達心理学研究』23(2), pp. 145-157.
横谷祐輔・田部絢子・内藤千尋・髙橋智, 2012, 「児童養護施設における発達障害児の実態と支援に関する調査研究――児童養護施設の職員調査から」『東京学芸大学紀要　総合教育科学系』63(3), pp. 1-20.
Conrad, P. and Schneider, J. W., 1992, *Deviance and Medicalization: From Badness to Sickness*, Temple University Press,（進藤雄三・杉田聡・近藤正英訳, 2003, 『逸脱と医療化――悪から病いへ』ミネルヴァ書房）.
Parsons, T., 1951, *The Social System*, The Free Press,（佐藤勉訳, 1974, 『社会体系論』青木書店）.

第10章

保育者の専門性とは何か
―保育者の専門性の実証的分析試論―

上田　智子

1. はじめに

　近年，保育者の専門性に対する社会的関心が高まっている。その背景には，幼児教育に対する社会的要請の高まりや多様化がある。

　知識基盤社会における個人と社会の発展の重要な鍵としての幼児教育は，OECDやUNESCOといった国際機関の主要テーマともなっており，幼児教育の質を高めることが各国の課題となっている（OECD 2001, 2006, 2012; UNESCO 2007）。アメリカ国立小児保健・人間発達研究所による縦断研究（日本子ども学会編 2009）や，ヘックマン（Heckman, J.）らの幼児教育の経済的効果の分析（Heckman 2012）などを通して，質の高い幼児教育の保障が人的資本形成や社会の格差解消においても重要な役割を果たすことも広く知られるようになった。

　質の高い保育のためには，保育者の専門性を高めることが不可欠である。しかし，前述のように幼児教育の重要性の認識が広がっているにもかかわらず，各国において，幼児教育に関わる人材の職業的地位が必ずしも高くないことから，OECDの各報告書においても，幼児教育（ECEC：Early Childhood Education and Care）にあたる職員の労働条件と専門職教育の改善を強く提言すると同時に，その専門性の内実を明らかにしようと努めている。

　一方，国内では，待機児童問題とその解決を阻む保育士不足が社会問題化し，保育士の厳しい職務条件や低い待遇に注目が集まっている。その結果，保育士

の重い責任や重要な職務に見合う形で待遇改善をすべきという議論も生まれ，実際に待遇改善の動きも見られたが，同時に，まさにその保育士不足を補うための方策として，保育者の資格要件に関する規制緩和を行うことが検討され，一部は実施にも移されるなど，保育者の専門性を軽視するかのような動きもあらわれている。たとえば，国は，幼稚園教諭資格や小学校教員資格などで保育士資格を代替できるようにすることを検討したり[1]，小規模保育や事業所内保育において，配置に必要な保育士の一定割合を，特定の研修を受講すれば認定される「子育て支援員」に代えられるようにしたりしている。

確かに，現状としての保育者は，厳密には専門職と呼べない側面もあるものの，こうした動きは，現在の幼児教育に対する社会的要請の高まりとは逆行するものである。矢藤誠慈郎（2013）が述べるように，「保育者の専門性」を，保育者の仕事の意義を処遇を含め社会的に訴えていき，もって保育の質を高めていくための「戦略的な概念」として位置づけ，積極的にその内実を示していくことが，学問的にも社会的にも求められているといえよう。

2. 保育者の専門性に関する議論の動向

(1) 文部科学省，厚生労働省が求める保育者の専門性

保育者の専門性はどのように捉えられてきたのだろうか。

まず，保育者，すなわち幼稚園教諭と保育士の資格を与えている関係省庁における保育者像をみていこう。

幼稚園教諭に関しては，教員として教育基本法第9条が適用され，「自己の崇高な使命を深く自覚し，絶えず研究と修養に励み，その職責の遂行に努め」ることが義務づけられているとともに，身分の尊重，待遇の適正，養成と研修の充実が図られるべきとされている。

また，2002年には，文部科学省「幼稚園教員の資質向上について――自ら学ぶ幼稚園教員のために」において，幼稚園教員に必要な資質の具体化が図られ，8項目（「乳幼児理解・総合的に指導する力」「具体的に教育・保育を構想し，実践する力」「得意分野の育成，教職員集団の一員としての協働性」「特別な教育的配慮を要する子どもに対応する力」「小学校との連携及び小学校教育との接続を推進

する力」「保護者及び地域社会との関係を構築する力」「園長など管理職が発揮するリーダーシップ」「人権に対する理解」）が挙げられた。2014年の「幼稚園教諭・保育教諭のための研修ガイド――質の高い教育・保育の実現のために」（保育教諭養成課程研究会）では，この8項目に「教育・保育の多様な現代的課題に応じる力」が追加されており，現在はこの9項目が，文部科学省において，幼稚園教諭に期待される専門的能力の構成要素と位置づけられる。

　一方，保育士に関しては，厚生労働省が告示する「保育者保育指針」において，「倫理観に裏付けられた専門的知識，技術及び判断をもって，子どもを保育するとともに，子どもの保護者に対する保育に関する指導を行うもの」と位置づけられるとともに，その「専門性の向上に絶えず努めなければならない」としている（第1章総則1「保育所保育に関する基本原則」エ）。また，厚生労働省『保育者保育指針解説』では，ここで言及されている主要な知識及び技術として，①乳幼児期の子どもの発達を援助する知識及び技術，②子どもの自立を助ける生活援助の知識及び技術，③保育の環境を構成していく知識及び技術，④様々な遊びを豊かに展開していくための知識及び技術，⑤子ども同士や子どもと保護者の関係を構築するための知識及び技術，⑥保護者等への相談，助言に関する知識及び技術の6つが挙げられている。

　また，2003年に全国保育士会で採択され，厚生労働省『保育所保育指針解説』でも言及されている「保育士倫理綱領」も，保育士の専門性を示したものとして養成課程などでも広く活用されている。「保育士倫理綱領」は，前文で，「私たちは，子どもの育ちを支えます。私たちは，保護者の子育てを支えます。私たちは，子どもと子育てにやさしい社会をつくります。」と宣言するとともに，保育者の責務として，①子どもの最善の利益の尊重，②子どもの発達保障，③保護者との協力，④プライバシーの保護，⑤チームワークと自己評価，⑥利用者の代弁，⑦地域の子育て支援，⑧専門職としての研修と自己研鑽を挙げている。

　このようにさまざまな公的文書において，保育者の専門性に関しては，幼稚園教諭・保育士の職種による違いがあるにとどまらず，それぞれの職内においてもさまざまな捉え方がなされている。

第10章　保育者の専門性とは何か

(2) 保育研究における専門性の議論

保育研究においても，さまざまな形で保育者の専門性が検討されている。

まず，保育者の専門性を，保育の過程に即して，「計画・立案の専門性」「保育実践の専門性」「保育を反省・評価する専門性」の3つに定式化する議論がある（鯨岡 2000; 榎沢 2016）。さらに計画や実践の前段階として「子ども理解」や「環境構成」の専門性が付け加えられることもある（中坪 2016）。また，「保育者の人間性」も，専門性の向上を阻害する側面もあるとされる一方で，やはり専門性の基盤であるという議論が一般的である。

さらに，近年の動きとして，全国の保育士養成校が組織する全国保育士養成協議会は，2005年に専門委員会による報告「保育士養成システムのパラダイム転換——新たな専門職像の視点から」をまとめ，その中で，新たな保育士養成システムづくりにおいて望まれる専門職像として，「成長し続け，組織の一員として協働する，反省的実践家」を掲げている。第1の要素である「成長し続ける保育士」とは，資格取得を専門職としてのスタート地点として捉え，ライフステージないしはキャリア・パスに沿って，学び成長し続ける保育者像である。第2の要素である「組織の一員として協働する保育士」は，組織力の向上に有効な「協働」と「同僚性」の発揮に資するような個人の資質に言及するものである。これらは，いずれも近年，教師の専門職像として中教審を中心に提起されているものと重なるものである[2]。最後の「反省的実践家としての保育士」も，保育実践を事後および瞬間瞬間に振り返り，専門的知識・技術やクライアントとの関係の振り返りにつなげることを重視するものであるが，教師の専門職像として広く知られるショーン（Schön, D. A.）の議論を，保育者にもあてはめようとするものである。このように，ここでの「新しい専門職像」においては，保育者の専門職像と教師の専門職像がほとんど重なるものとなっている。保育者を教師と同様の存在として積極的に位置づけることは，保育者を専門職として確立していくことにある意味では有効だが，保育者の専門性の固有性をより明確化していくことも重要ではないだろうか。

(3) 保育者の専門性への実証的アプローチ

前節で紹介した保育者の専門性に関する議論は，保育者として持つべき資

質・能力，あるべき姿を示した，いずれも規範的な主張である。しかし，規範的な主張にとどまらず，より実証的に保育者の専門性を捉える必要性もあるだろう。

　まず第1に，社会の変化，子どもや保護者の変化に伴って保育現場で求められるものも大きく変化するなかで，規範的に保育者の専門性を示すだけでは，そうした変化に対応することが難しくなる。もちろん，前節の終わりで紹介した「成長し続け，組織の一員として協働する，反省的実践家」という新しい保育者像は，社会の変化に対応する新しい保育者像として提示されたものである。しかし今日教師について述べられていることをそのままあてはめたような議論は，果たして保育現場の現実を反映したものになっているか疑問が残る。

　また，実証的に保育者の専門性を捉えることは，保育者養成においても重要な意味を持つ。保育者養成校においては，日々学生に対し，規範的な専門性の見地から資格関連科目や実習などの評価を行っているが，そうした養成側の評価，またその背後にある規範的な保育者像が，学生が学びの目標，ひいては将来の保育者としての目標を設定するためのガイドラインとしての役割を有効に果たしているかというと，きわめて不十分であるのが実情である。保育者の専門性をより実証的・具体的な形で示すことができれば，いたずらに自己肯定感を低めることなく，具体的な目標設定に基づく主体的な能力開発につながるのではないか。この点において，保育者養成の観点から保育者の専門性の実証的把握が重要な課題となるのである（沢崎ほか 2014）。

　保育研究の中には，保育者の専門性について，実際に保育の行われている現場に立脚して，実証的に明らかにしようという研究も，数多く行われている。例えば中坪史典編著（2018）も，保育実践に埋め込まれた保育者の専門性について，具体的な保育事例の中での可視化を試みた研究である。しかし，保育の専門性を具体的に捉えようとする試みは，事例研究中心とならざるを得ないという状況がある。保育者の専門性は，日々の保育実践にうめこまれており，見えにくいという特徴を持っているために，文脈と切り離して捉えることが難しいという側面を持っているからである。事例研究は，保育者の専門性を具体性とリアリティのある形で描き出し，保育の豊かさを発信するには有効だが，文脈から切り離せないことで，開発や養成の目標として設定しにくくなることも

事実である。

　一方，保育現場に立脚しつつ高山静子（2011）は，近年「資質・能力」を表す概念として広く使われるようになったコンピテンシー（competency）概念を用いて，保育者の専門性をある程度文脈から切り離して把握しようと試みている。行動心理学者マクレランド（McClelland, D. C.）によって提唱されたコンピテンシーとは，ある職務において高い業績を示す人材に共通する特性を示したもので，インタビューや職務観察などを通して，ボトムアップで析出される（Spencer and Spencer 1993=2001）。コンピテンシーは，抽象的な能力ではなく，具体的な行動レベルで示されるため，客観的な評価と能力の自己開発の指標として用いることが容易である。また，その結果として，トップダウンではなくボトムアップのカリキュラムへ，プロセス重視からアウトカム重視の評価へ，といった養成課程の変容につながるという（高山 2008）。

　このコンピテンシーの考え方をもとに，高山（2011）は，保育従事者や保育現場から収集した質的データの中から，保育者のコンピテンシーを析出・構造化している。具体的には，「子どもと信頼関係を作る」「子どもとその環境を把握する」「生活と遊びを支援する」「保育の計画を立てる」「生活全体を管理する」「保育を振り返る・評価する」の6つからなる「子どもの保育に関するコンピテンシー」と，「連携に関するコンピテンシー」「専門職としてのコンピテンシー」「保育を支えるキー・コンピテンシー」である。これら最終的な保育者コンピテンシーリストは，現場の質的データに基づいて析出したものに，前述の「保育士倫理綱領」やOECD・DESECOプロジェクトの「キー・コンピテンシー」に由来したものを加えて作成したとのことだが，実証的に，すなわち保育従事者や保育現場のデータに立脚しながらも，文脈から切り離した形で専門性を捉えようという志向性をみてとることができる[3]。

3. 実習日誌コメントのテキスト分析——保育者の専門性の実証的分析試論

　本節では，保育現場に埋めこまれた保育者の専門性への実証的なアプローチの試みの1つとして，筆者が関わった保育士実習における実習日誌の指導コメントの分析を紹介したい（沢崎ほか 2014; 上田ほか 2016）[4]。

実習生にとって，実習指導の過程で指導保育者から与えられる指導・助言は，保育士に必要な資質・能力とはどのようなものであるか，具体的な場面と照らし合わせながら実践的に学ぶ手がかりとなる。とりわけ，実習指導の一つの媒体である実習日誌でのやりとりは，保育士に必要な資質・能力の伝達・学習の機会としてきわめて重要である。そこで，実習日誌における指導・助言の文言を分析することによって，実習の中で，現場の保育士によって学ぶことが期待され，また実習生によって実際に学ばれている保育士の職業的資質・能力とはどのようなものであるか，特に保育士養成課程において身につけることが期待されている資質・能力はどのようなものであるか，把握することができるのではないかと考えたのである[5]。

　データとして用いたのは，2013年2月と9月に，それぞれ学部3年次と4年次に行った保育所実習Ⅰ，Ⅱの実習日誌計43冊である[6]。それらの実習日誌のテキストの中でも，各実習日の講評欄における指導保育士のコメント（2,397件）に着目し，そこでのコメントを，現場の保育士が実習で学んでほしいと期待する保育士の職業的資質・能力を示すものと捉え，分析した。

　まず，沢崎真史ほか（2014）では，高山（2008）によって提示された6つの保育者コンピテンシーリストに準拠して，指導コメントのコーディングを行い，各コンピテンシーに関わるコメントの量的な比較を行った。その結果，「子どもとその環境を把握する」「生活と遊びを支援する」といったコンピテンシーに関するコメントが多い一方で，「保育の計画を立てる」「生活全体を管理する」「保育を振り返る・評価する」といったコンピテンシーに関するコメントは比較的少ないなど，保育者のコンピテンシーとされているもののすべてが均一に指導コメントに現れるわけではないことがわかった。ここから，実習期間においては，保育者のコンピテンシーのすべてを身につけることが期待されているわけではなく，獲得のプロセスといったものが想定されていることが示唆された。つまり，最終的な目標としての保育者像としては，すべてのコンピテンシーを身につける必要があったとしても，実習で身につけるべきもの，養成の終了すなわち資格取得時までに身につけるべきもの，就職後に身につけるべきものなど，養成教育から現職研修を通じて，時期ごとに適切でより具体的な目標を学生に提示することができるということである[7]。

また、同じ実習日誌の指導コメントを、テキストマイニング（text mining）という手法を用いて、分析を行った[8]。テキストマイニングとは、定性的な分析の一つで、大量のテキストデータに繰り返し現れる語句やパターンなどを統計処理し、テキストデータの性質について有用な知識・情報を得ようとする分析手法で、多様な内容を含む指導コメントを客観的に分析することができる。この方法を用いて、指導コメントに頻出する語句やパターンという側面から、現場の保育士が実習生に伝える保育者の職業的能力・資質の中身にアプローチを試みた。

指導コメントにおける最大の頻出語は「子ども」であった（出現回数849回）。当然のことだが、実習では「子ども」と関わり、「子ども」を理解することが求められている。また動詞の頻出語のうち、実習性が主語となることが多いのは「関わる」「気づく」「感じる」「見る」「聞く」「持つ」「頑張る」などである。子どもと関わること、見て聞いて感じ、気づくことなどが期待されていることが分かる。

次に、共起ネットワーク分析を行い、1つの文の中で同時に出現する語の組み合わせを図10-1に示した。最小出現数を15とし、出現数が多いほど直径の大きな円で表したものである。図10-1からは、実習日誌の指導コメントには、「気持ち」を「受け止める」（A）、「積極」的に「子ども」と「関わる」（B）、「子ども」の「様子」や「姿」を「見る」（C）、（子どもの）「目線」に「立つ」（D）、「状況」を「把握」する（E）、「話」を「聞く」（F）といった表現が繰り返し出現していることがわかる。また、「名前」を「覚え」て「呼ぶ」こと（G）、「安心」につながる「優しい」「笑顔」（H）も必要なこととして示されている。

このように、実習日誌の指導コメントという限定的なデータではあるが、テキスト分析を通じて、指導にあたる保育者が実習生の時期に求めている保育者としての資質・能力を、かなり具体的な形で示すことができたといえよう。

4. おわりに——今後の課題

保育者の専門性に対する実証的なアプローチにはさまざまなものがありうる。質的データとしては、前節で行ったテキスト分析の他にも、インタビューやビ

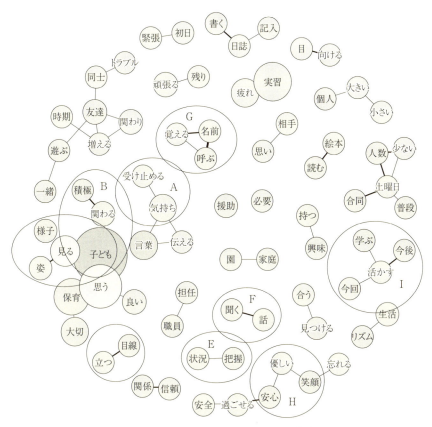

図 10-1 実習日誌の指導コメントに見られる共起ネットワーク

デオ分析なども有効である。今後も，さまざまなデータや方法を用いて，保育者の専門性へのアプローチを積み重ねていくことが求められるだろう。

　また前述したように，全国保育者養成協議会は，新しい保育者像の一つとして「組織の一員として協働する保育士」を挙げていた。幼稚園や保育所に勤務する保育者は組織の一員として日々の保育にあたっており，したがって，個々の保育者の専門知や保育観だけでなく，組織の環境や組織文化が，その保育実践に大きな影響を与えることとなる。保育者個人がいくら高い専門性を有していても，それを現実化する組織環境がなければ意味がない。また，保育者が専門家として学び成長し続けることができるかどうかも，組織の環境やその提供

する機会に拠る部分が多い。「組織のコンピテンシー」とその成立条件を分析するデータや方法についての検討も求められている。

註
1) 厚生労働省保育士等確保対策検討会「保育の担い手確保に向けた緊急的な取りまとめ」(2015 年 12 月 4 日)。
2) 前者に関連する議論としては，2006 年答申「今後の教員養成・免許制度の在り方について」において「『学びの精神』がこれまで以上に強く求められる」との文言が示され，2012 年答申「教職生活の全体を通じた教員の資質能力の総合的な向上方策について」の「学び続ける教員像」，2015 年答申「これからの学校教育を担う教員の資質能力の向上について」の「自律的に学ぶ姿勢を持ち，時代の変化や自らのキャリアステージに応じて求められる資質能力を生涯にわたって高めていくことのできる力」につながる。後者に関しては，2005 年答申「新しい時代の義務教育を創造する」において，優れた教師の条件の1つとしての「総合的な人間力」に含まれる「教職員全体と同僚として協力していくこと」に始まり，2012 年答申の「同僚とチームで対応する力」，2015 年答申の「『チーム学校』の考えの下，多様な専門性を持つ人材と効果的に連携・分担し，組織的・協働的に諸課題の解決に取り組む力」につながっている。
3) 高山もメンバーの一人である，子育て支援者コンピテンシー研究会 (2009) は，ひろば型支援などにおいて子育て支援に関わるスタッフに求められる 32 の「子育て支援者のコンピテンシー」もリスト化している。
4) この部分で紹介する研究は科学研究費補助金基盤研究 (C) 23531081「保育実習における自己評価規準の開発——ルーブリック評価と心理学の観点から」(2011～14 年度，研究代表：沢崎真史) の助成を受けて行った研究に基づいている。ただし分析・論述の一切の責任は，筆者にある。
5) 実習日誌を研究データとして使用する研究は既に行われているが，それらは実習日誌における学生の記述を，主に実習を通じた学生の学びと成長の軌跡として分析している (野上・山田 2011 ほか)。
6) 実習録を提供してくれた学生は 26 名で，うち保育所実習Ⅰ，Ⅱの 2 回分の実習録を提供してくれた学生は 17 名である。
7) 獲得すべき資質・能力や行うべき研修・研究を，保育者のライフステージやキャリア・パスごとに示したものとして，既に，公益法人全日本私立幼稚園幼児教育研究機構の「保育者としての資質向上研修俯瞰図」や，全国社会福祉協議会・全国保育士会の「保育士・保育教諭の研修体系」があるが，養成課程と現職段階を一貫として捉える視点も必要であろう。
8) テキストマイニング分析は，無料頒布版の KHCoder を用いて行った。

参考文献

榎沢良彦，2016，「保育者の専門性」日本保育学会編『保育学講座 4 保育者を生きる——専門性と養成』東京大学出版会，pp. 7-25.

樋口耕一，2014，『社会調査のための計量テキスト分析——内容分析の継承と発展を目指して』ナカニシヤ出版.

子育て支援者コンピテンシー研究会編著，2009，『育つ・つながる，子育て支援——具体的な技術・態度を身につける 32 のリスト』チャイルド本社.

厚生労働省編，2018，『保育所保育指針解説』フレーベル館.

鯨岡峻，2000，「保育者の専門性とはなにか」『発達』83 号，pp. 53-60.

中坪史典，2016，「保育実践と省察」日本保育学会編『保育学講座 4 保育者を生きる——専門性と養成』東京大学出版会，pp. 27-43.

中坪史典編著，2018，『保育実践の中にある保育者の専門性へのアプローチ』ミネルヴァ書房.

野上俊一・山田朋子，2011，「保育実習日誌の記述における自己評価の変容」『中村学園大学・中村学園短期大学部研究紀要』第 43 号，pp. 97-103.

沢崎真史・上田智子・野上遊夏・細戸一佳・森貞美，2014，「保育士の専門的職業能力とはなにか——実習日誌の指導コメントに着目して」『全国保育士養成協議会第 53 回研究大会発表論文集』.

高山静子，2008，「コンピテンシー理論に基く保育士養成課程の考察」『保育士養成研究』26 号，pp. 23-32.

高山静子，2011，「コンピテンシー理論に基づく保育士養成教育の研究」九州大学大学院人間環境学府（教育学部門）博士論文.

上田智子・沢崎真史・野上遊夏・森貞美・細戸一佳，2016，「実習日誌にみる保育士の専門的職業能力について——テキストマイニングによる実習日誌の指導コメントの分析を通じて」『国際幼児教育学会第 37 回大会発表論文集』，pp. 76-77.

矢藤誠慈郎，2017，『保育の質を高めるチームづくり』わかば社.

全国保育士養成協議会平成 17 年度専門委員会，2006，『保育士養成システムのパラダイム転換——新たな専門職像の視点から』（保育士養成資料集第 44 号）.

Heckman, J. J., 2013, *Giving Kids a Fair Chance*, Boston Review Books, MIT Press（古草秀子訳，2015，『幼児教育の経済学』東洋経済出版社）.

National Institute of Child Health and Human Development, NIH, DHHS., 2006, *The NICHD Study of Early Child Care and Youth Development (SECCYD): Findings for Children up to Age 4 1/2 Years*, U.S. Government Printing Office（日本子ども学会編・菅原ますみ・松本聡子訳，2009，『保育の質と子どもの発達——アメリカ国立小児保健・人間発達研究所の長期追跡研究

から』赤ちゃんとママ社).
OECD, 2001, *Starting Strong: Early Childhood Education and Care*, OECD Publishing.
OECD, 2006, *Starting Strong II: Early Childhood Education and Care*, OECD Publishing(星美和子・首藤美香子ほか訳, 2011,『OECD保育白書——人生の始まりこそ力強く：乳幼児期の教育とケア（ECEC）の国際比較』明石書店).
OECD, 2012, *Starting Strong III: A Quality Toolbox for Early Childhood Education and Care*, OECD Publishing.
Schön, D. A., 1984, *The Reflective Practitioner: How Professionals Think in Action*, Basic Books,(柳沢昌一・三輪建二監訳, 2007,『省察的実践とは何か——プロフェッショナルの行為と思考』鳳書房).
Spencer, L. M. and Spencer, S. M., 1993, *Competence at Work Models for Superior Performance*, Wiley,(梅津祐良・成田攻・横山哲夫訳, 2001,『コンピテンシーマネジメントの展開』生産性出版).
UNESCO, 2007, *Education for all Global Monitoring Report: Strong Foundation: Early Childhood Care and Education*. UNESCO Publishing.

第Ⅴ部　平等の教育社会学

第11章

学力格差の社会学
―高い成果を上げている学校に学ぶ―

耳塚　寛明

1. 学力の地域間格差から家庭的背景による格差へ

　手元に教育専門紙の古い記事がある（時事通信内外教育版 1962, 1963）。当時実施されていた文部省による「全国一斉学力調査」の教科別成績について，時事通信社が本社支社局の通信網を駆使して，都道府県別一覧表と分布図にまとめた結果である。この記事を見ると，東京，大阪等大都市圏を含む都道府県の成績が軒並み高いことに気づく。下位に並んでいるのは，東北諸県と北海道，九州の一部の県である。平成の学力地図とは大きく様相が異なり，都道府県の経済水準と密接に結びついた形で学力格差が存在したことが知られる。しかも都道府県間の学力格差は，平成のそれとは桁違いに大きかったことに驚く。中学校2年生国語では（時事通信内外教育版 1962: 3），1位東京64.6点に対して46位岩手は44.8点。同英語では1位福井74.0点に対して46位高知は54.5点。最上位と最下位のレインジは20ポイントときわめて大きい。

　平成19年度から始まった文科省による全国学力・学習状況調査では，こうした都道府県別の学力格差は驚くほど小さくなった。図11-1は，横軸に1人当たり県民所得，縦軸に学力（小学校6年生の算数AとBと国語AとBを単純に足し合わせた）をとって，都道府県をプロットしてある。同図から，都道府県間の学力格差は昭和の時代と比べて相対的に縮小し，かつ各都道府県の学力水準と1人あたり県民所得の間の相関はほとんどないことがわかる。

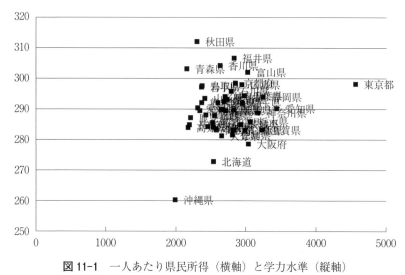

図 11-1 一人あたり県民所得（横軸）と学力水準（縦軸）

※1人あたり県民所得：横軸，2007年度，単位千円
※※学力水準：縦軸，2007年度文部科学省全国学力・学習状況調査における小学校6年生国語（AとB），算数（AとB）の都道府県別平均値の合計

　江戸期までの日本社会では，ルビンジャー（Rubinger, R.）（2007=2008）が指摘するように，だれもが文字の読み書き能力を備えていたわけではなく，リテラシーは偏在していた。地域，性別，身分によるリテラシーの格差があったのである。それは同時に，人々を差異化し身分を固定化する役割を果たしていた。読み書き能力は，商業化や交通基盤の整備とともに農民層にまで浸透していくが，その格差はなお大きなものがあった。江戸期の読み書き能力の格差は近代日本に引き継がれた。そしていま，自分の名前を読み書きできるという意味での読み書き能力の格差は圧倒的に小さくなった。全国学力・学習状況調査は，学力の地域間格差が格段に小さくなったことを教える。しかし格差の歴史は幕を閉じたのではない。読み書き能力は学力へと姿を変え，地域や性別ではなく家庭の持っている文化的環境（文化資本）や経済的豊かさ（経済資本）による学力格差がなお残存し，拡大する兆しを見せる。読み書き能力と同様，学力は地位の差異を固定化する道具としても使われる。現代日本における家庭的背景による学力格差は，この意味で江戸期の身分によるリテラシー格差に近い。

この章では，現代の日本社会においてだれが学力を獲得しているのかについてデータを示す（第2節）。次に，いかなる社会もまだ克服するには至っていない，学力格差社会からの脱出の方途について，「高い成果を上げている学校」を手始めに考察することにする（第3節）。

2. 家庭的背景と学力格差

(1) メリトクラシー

誰が学力を獲得するのかという問いに接近する際に，つねに念頭に置いている概念がある。メリトクラシー（meritocracy）である。実力主義あるいは業績主義社会と翻訳されることが多いこの概念は，20世紀中葉にイギリスの社会学者ヤング（Young, M.）が社会科学的ＳＦ小説『メリトクラシー』の中で造語したものである（Young 1958=1982）。ヤングはメリットを能力に努力を加えたもの（merit＝IQ＋effort）と定義する。そしてメリットを持った者たちが支配する社会のことをメリトクラシーと呼んだ。メリトクラティックな社会は，社会的出自（生まれ）がその後の到達地位を決定的に左右する身分社会や階級社会と対比される。近代化とは，身分社会をメリトクラティックな社会へと再編成することを通して，人々を生まれの束縛から解放し，機会が平等に開かれた社会を可能とするはずのプロジェクトであった。

学力格差と家庭的背景の関係に注目するとき，メリトクラシーという概念をつねに念頭に置くのは，現実社会がどの程度メリトクラシーに近いかを検討の中心に置くという意味である。この後，学力格差と家庭的背景の関連をデータによって見ていくが，それはメリトクラティックな社会を想定し，それを比較の鏡として現実社会を評価する作業にほかならない。注意しておきたいのは，メリトクラシーは人類が普遍的に目指すべき理想社会であるか否かはわからないという点である。しかしながら，メリトクラシーは身分社会のような前近代社会と比較すれば，少しはましな社会だといってよいだろう[1]。

(2) 誰が学力を獲得しているのか
① データ

本節では「誰が学力を獲得しているのか」という問いに対して，実証的な記述を行う。記述に用いるデータは，次の2つである。

① お茶の水女子大学 JELS（Japan Education Longitudinal Study）[2]

お茶の水女子大学が中心に 2003 年以降 2006 年，2009 年等に実施した「青少年期から成人期への移行についての追跡的研究（Japan Education Longitudinal Study）」（耳塚編 2007；耳塚 2007）。2つの市を対象としたパネル調査であり，国語と算数・数学の学力調査のほか児童生徒質問紙調査，保護者調査等を実施している。主な対象エリアは関東地方の人口 30 万人規模の中都市（Aエリア），および東北地方の人口 10 万人規模の小都市（Cエリア）である。全国標本調査ではないが，家庭的背景に関する豊富なデータが準備されており，また地域間比較が可能という利点がある。詳細については，ホームページ上で閲覧可能となっている（http://www.li.ocha.ac.jp/ug/hss/edusci/mimizuka/JELS_HP/）。

② 文部科学省全国学力・学習状況調査

文科省が 2007 年から全国規模で実施している代表的な学力調査。調査の主な目的は，国や教育委員会による教育施策の検証や学校での指導改善に活かすことにある。原則として小学校 6 年生と中学校 3 年生を対象とする国語と算数・数学の学力調査で，学校調査，児童生徒質問紙調査を含んでいる。2013 年には追加調査として標本抽出による保護者調査が実施され，ナショナル・サンプルによる学力と家庭的背景の分析がはじめて可能となった。本稿では主としてお茶の水女子大学に委託された2つの分析結果を用いる（国立大学法人お茶の水女子大学 2014, 2015）[3]。

② JELS による概観

まずは，前者の JELS を用いて，家庭的背景と学力の関係を概観してみよう。紙幅の関係上，大都市近郊中都市であるAエリアの小6算数の学力を例に示すことにする[4]。

表 11-1　家庭的背景を説明変数とする重回帰分析（Aエリア）

	非標準化係数 B	標準化係数 β	有意確率	
(定数)	-32.635		0.015	*
父職	0.457	0.023	0.709	
母学歴	3.854	0.140	0.023	*
世帯所得	0.011	0.155	0.018	*
学校外教育費支出（当該児童，月当たり）	0.000	0.298	0.000	***
母習い事	1.044	0.023	0.676	
母電子メール	0.924	0.020	0.719	
保護者学歴期待	3.557	0.222	0.000	***
従属変数：算数通過率小6				
R	調整済み R^2 値			
0.594	0.333			

注1) ***P<.001，**P<.01，*P<.05
注2) データ出所　JELS2003
注3) ※「母習い事」：習い事・稽古事をしている
　※※「世帯所得」：世帯全員の税込み年収
　※※※「母電子メール」：PCの電子メールを利用している

　JELSでは保護者調査で，①保護者の学歴と職業・就業，②家計と教育費投資（世帯総所得，学校外教育費支出），③保護者の子どもに対する学歴期待，④保護者の行動習慣・文化について設問を準備してデータを蒐集している。それらすべてを，算数学力を従属変数とする重回帰分析に投入することは，変数が多すぎ，また共線性問題の観点から適当ではない。そこで，分析を2段階に分け，変数群ごとに算数学力との関連を重回帰分析によって検討して変数を絞った上で，家庭的背景を独立変数群とする重回帰分析を行う方法を採った（耳塚2007）。最終的に得られた重回帰分析結果が表11-1である。調整済み R^2 値は0.333である。このことは，保護者対象質問紙によって得られた家庭的背景に関する変数のみによって，子どもの算数学力が相当程度説明できることを意味している。
　標準化偏回帰係数（β）に着目すると，①学校外教育費支出，②保護者学歴期待，③世帯所得，④母学歴の順に大きく，これら4変数が統計的に有意である。父職，保護者の行動習慣（習い事と電子メール利用）は有意ではない。図11-2は，他の変数の影響がコントロールされたものではないが，学校外教育

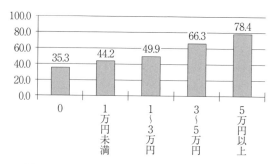

図 11-2　学校外教育費支出別算数学力平均値

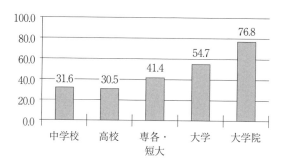

図 11-3　保護者学歴期待別算数学力平均値

費支出が増加するにつれ算数学力平均値が上昇することがわかる。また図 11-3 から保護者の学歴期待が高いほど算数学力が上昇している。ことに大学院までの進学を期待する層で高い学力が見られる。総じて家庭的背景（経済と文化的環境）と学力の間にきわめて大きな相関があることが知られる[5]。

③　文科省全国学力・学習状況調査による検討

　JELS は，保護者調査を実施することによってわが国でほぼはじめて学力と家庭的背景の関連を明らかにしたという点に大きなメリットを有する。だがその知見は，特定のエリアで得られたものにすぎないという限界をも有する。そこで次に，文科省が全国学力・学習状況調査の追加調査として実施した保護者調査の結果を用いて，全国レベルでの検討を行うことにする（国立大学法人お茶の水女子大学 2014, 2015）。なお，保護者に対する調査結果を用い，家庭的背

表 11-2 SES 別学力平均値

	小学校				中学校			
	国語A	国語B	算数A	算数B	国語A	国語B	数学A	数学B
Lowest SES	53.9	39.9	68.6	47.7	70.7	59.8	54.4	31.5
Lower middle SES	60.1	46.1	75.2	55.1	75.2	66.0	62.0	38.8
Upper middle SES	63.9	51.4	79.2	60.3	78.6	70.3	67.5	44.9
Highest SES	72.7	60.0	85.4	70.3	83.6	76.7	75.5	55.4

景と学力の関係をナショナル・サンプルによって分析した研究は，わが国（文科省）として初である。

　以下の分析では，家庭的背景を総体として表す指標としてSES (Socio Economic Status) を用いる。保護者に対する調査の結果から，家庭の所得，父親の学歴，母親の学歴という3つの変数を合成した指標である。経済資本と文化資本の総量を操作的に測定したものと考えればよい。SESが最も高い層から最も低い層まで4つにグループ分けして以下分析を行う。

　SESグループ別に，小学校と中学校の国語（AとB），算数・数学（AとB）の学力平均値を示したのが，表11-2である。学校段階にかかわらず，また教科によらず，SESと学力の間には強い関連がある。重回帰分析によって学力の規定要因を確認してみると（山田 2014），小学校ではSESスコアがほとんどの教科で最も影響力の強い変数であり，中学校では保護者の学歴期待と並んでやはりSESが学力に対して強い影響を与えていることがわかる。

　ただし，SESが子どもの学力を決定づけてしまうというのはいいすぎであろう。表11-3は，家庭における保護者の関与のあり方が学力にどの程度影響するかを，SES統制前と統制後について示した表である（垂見 2014）。ここで「読書活動」とは，「幼少時の絵本の読み聞かせの有無」と「新聞を読むことを奨励しているか否か」という2つの変数の合成である。SES統制前に0.29であった標準化偏回帰係数（β）の値は，統制後には0.19へと小さくなる。つまり，読書活動自体SESの影響を受けている（SESが高い家庭ほど，幼少時に子どもに絵本の読み聞かせをしている，また新聞を読むことを奨励する傾向がある）。しかし，SESを統制した後も，読書活動は統計的に有意であり，最大の標準化偏回帰係数（β）を示す。このことは，読書活動に代表される保護者の関与

第11章　学力格差の社会学　　179

表 11-3　保護者の関与と学力（小 6）

	SES 統制前	SES 統制後	SES 導入による係数の縮小率
読書活動	0.29	0.19	34%
生活習慣	0.16	0.09	41%
信頼関係・コミュニケーション	0.13	0.10	28%
文化的活動	0.17	0.08	55%
勉強に対する働きかけ	0.08	0.02	79%

※数値は重回帰分析における標準化偏回帰係数（β）。
※※読書活動：「幼少時の読み聞かせの有無」と「新聞を読むことを奨励している」の合成変数。

のあり方が，SES から独立に，子どもの学力に影響を与える可能性を示唆している。

　もう 1 点，別の角度から，SES の学力への影響力の強さを確認しておく。別の角度というのは，他の変数の影響に比して SES がどの程度学力に影響を与えているかという視点である。他の変数として，「平日の学校外における学習時間」（学習塾や家庭教師を含む）を設定する。学習時間は努力の指標と見なすことができる。日本社会では努力の価値が強調されてきた。学校教育においても同様である。ここでの主眼は，その価値が強調されてきた努力に比して，SES はいかほどの影響を学力に及ぼしているかである。この検討は，同時に，努力は SES から独立した学力への効果を持つのか，それとも努力自体が SES の関数にすぎないのかを明らかにすることでもある。

　図 11-4 は，小 6 を例にとって，平日の学校外学習時間と学力の関連を，図 11-5 は SES と学力の関連を示したものである（耳塚・中西 2014）。データは省略するが中 3 についても同一の知見が得られる。図からいずれも非常に明快な関係が見られる。学力は，SES および学習時間の量によって規定されており，SES が高いほど，また学習時間が長いほど学力が高いということがわかる。ただしそこには見かけ上の関連が含まれており，学習時間，SES，学力という 3 者の関連が明らかになっているわけではない。

　仮に，SES が学力を直接規定すると同時に，努力の量を規定して間接的にも学力を規定しているという関係が見られるとするならば，SES 別に学習時間と学力の関係をみたとき学習時間によって学力は変わらないという結果が出

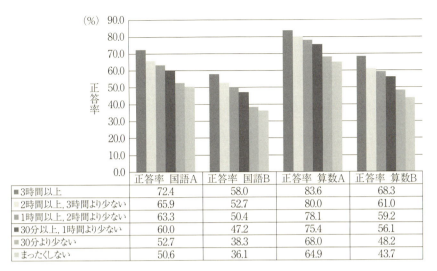

図 11-4　平日の学校外学習時間と学力（小 6）

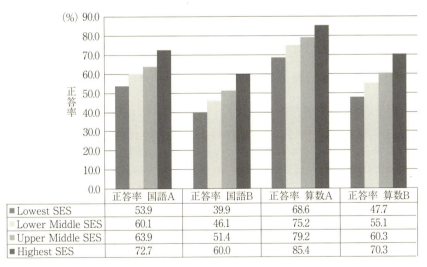

図 11-5　SES と学力（小 6）

第 11 章　学力格差の社会学　　*181*

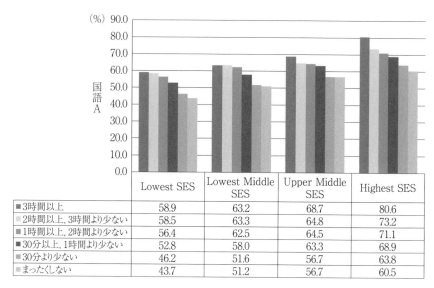

図 11-6　SES 別，学習時間と学力（小 6 国語 A）

てくるはずである。実際にはどうか。図 11-6 を見ると（小 6 の国語 A の例，他の教科および中 3 でも同様の結果が得られた），そうではないことが一目瞭然にわかる。同じ SES グループの中でも学習時間によって学力には差があり，学習時間が長いほど学力が高い傾向を概ね確認できる。努力は，たしかに学力に対して SES から独立した影響力を持っているのである。この意味では，日本の学校教育において努力の価値が強調されてきた（頑張れば学力が上がる）ことは誤りではない。

　しかし同時に注目しておかねばならない事実がある。努力の限界である。Lowest SES の子どもで平日 3 時間以上学習している子ども（図上，1 番左の棒グラフ）の学力平均値は 58.9，これに対して，Highest SES の子どもで平日まったく学習していない子ども（図上，1 番右の棒グラフ）の学力平均値は 60.5 である。最も高い SES の家庭に生まれた子どもは，学校外でまったく勉強しなくても，最も低い SES の家庭に生まれて毎日 3 時間以上勉強する子どもの学力を上回る。逆にいえば，Lowest SES に生まれると，平日 3 時間以上学習しても，Highest SES でまったく学習しない子どもたちに追いつくことができな

い。

　むろん以上は統計的平均値の議論にすぎない。実際には平均値の周りに子どもたちの学力は散らばっているので，個々の子どものレベルで見れば，低いSESの家庭に生まれても高いSESの子どもを上回る学力を手に入れることは不可能ではない。ただし確率的にはそれは難しい。私たちはこの調査結果に，SESの学力への影響が頑健である事実と，同時に努力の限界を見ておかねばならない。控えめにいっても衝撃的な事実である[6]。

3. 高い成果を上げている学校

(1) 高い成果を上げている学校の定義と抽出

　ここまでSESによる学力格差の状況について見てきた。家庭での保護者の関与や子ども自身の学校外学習によって格差の緩和が期待できる余地はあるものの，SESの学力に与える影響はきわめて大きい。問題は，これにどう対するかであろう。

　学力格差への対処方策については，ミクロからマクロの次元に分けて整理することができる（図11-7）。具体的には，①学校による教育指導（学校による組織的取り組み等），②行政による教育条件整備（国，教育委員会による諸条件整備），③学校外の学校・子ども支援活動（行政，NPO，地域による学習支援・居場所づくり等），④諸社会政策（所得再分配，雇用政策，社会福祉・子育て支援政策等）を上げることができる。

　ここでは，学力格差に対して学校教育がなにをなすべきかを考えることに主眼を置き，①と②に焦点づけた検討を行う。家庭的背景による学力格差に対しては，いかにして格差を克服していけるかという関心から，いわゆる「効果的な学校」（Effective School）研究に関心が集まった。日本でも志水宏吉編（2009）などの成果を生んだ。

　国立大学法人お茶の水女子大学（2014）および国立大学法人お茶の水女子大学（2015）において私たちが採った研究戦略は次のようなものである。

① 「高い成果を上げている学校」の定義

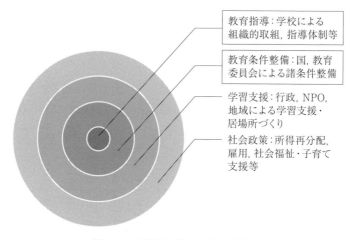

図 11-7 学力格差にどう対するか

　　同程度の SES の子どもが通う学校と比較して、学校の平均学力が高い学校、すなわち、SES から予測される学力を相当程度上回る成果を上げている学校を「高い成果を上げている学校」と定義した。
② 高い成果を上げている学校の統計的抽出
　　次に、SES から予測される学力と実際の学校平均学力との差（残差）を学校別に算出した。残差がプラス方向に相当程度大きい学校群を高い成果を上げている学校とした[7]。注意が必要なのは、高い成果を上げている学校の抽出基準が、全国平均（あるいは県の、市の平均）を上回っているかどうかではない点である。全国平均を上回る学力水準の学校でも、SES からみれば低い成果しか上げていない学校に分類されることがある。逆に、全国平均を下回っていても高い成果を上げている学校に分類されることもある。基準はあくまでも SES から予測される学力水準である。
③ 事例研究対象候補校の選定
　　②の学校群の中から、学校規模を考慮して事例研究対象候補校を選定した。学校規模を考慮したのは、小規模校の場合、担任教諭の力量等非組織的な要因の影響が大きく介入する可能性が強く、知見の一般化可能性が損なわれると考えたためである。小学校については学年学級数 2 以上の学校を、中学校

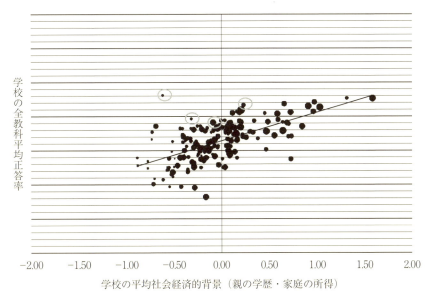

図11-8 高い成果を上げている学校の抽出イメージ

についてはこれに加えて学年生徒数41人以上の学校を選んだ。
④ 事例研究対象校の決定

　候補校の中から，SESのバランスを考慮し，また調査の実施可能性等に配慮して，最終的な事例研究対象校を決定した。2013年度，2014年度合計で，18校が対象となった。
⑤ 訪問調査の実施

　学校への訪問調査と管轄市教育委員会のインタビュー調査を実施した。ヒアリング内容は調査者全員で事前に確認し，作成した項目表を中心にインタビューを行った。教育委員会には学校の特色（なぜ高い成果が上がったと推測するのか），学力向上に関わる教育委員会の施策（事業や予算），教員配置や加配といった条件整備の施策状況等を中心にたずねた。学校訪問については，原則として管理職と小6・中3の担任，国語・算数・数学主任をヒアリング対象とした。国語と算数・数学の授業をそれぞれ1時間参観した。各学校共通のインタビュー内容の要点は，学校の存在する地域の特色，学校の概要，校内の研究体制，教育課程の工夫や特色，教授・学習形態の特色，学力調査

の活用法，家庭学習の状況等である（冨士原 2014; 石井・冨士原 2015）。

以上の高い成果を上げている学校の定義，抽出のイメージを図示すると図11-8のようになる。図で○で囲んだ学校が，最終的な事例研究対象校のイメージである。

(2) 高い成果を上げている学校に共通した特徴

事例研究の結果，高い成果を上げている学校に見られた特徴を整理したのが，図11-9である（冨士原 2014; 石井・冨士原 2015）。私は事例研究を行う前には，高い山に登るルートが複数あるように，高い成果を上げている学校が，高い成果を上げるための方法には，学校の文脈に即した複数の選択肢があるのではないかと予想していた。結果としてこの予想は裏切られた。高い成果を上げている学校として抽出された学校で展開されていた取り組みは，驚くほど共通していたのである。効果的と考えられる取り組みは図11-9に尽きているが，4点補っておく。

①家庭学習指導

　高い成果を上げている学校における，家庭学習指導の取り組みを象徴していたのが，「自学ノート」であった。事例研究対象校のほぼすべてが実施していた。自勉ノート，自主学習，1人勉強等呼称は学校により多様である。要するに，専用のノートをつくり，何を勉強するのかについて自分で決めて勉強することを宿題にする取り組みである。大学ノート見開き2頁程度が標準的な分量である。ポイントは，ただ単に宿題にするだけではなく，翌日提出させて必ずコメントを加えてその日のうちに子どもに返す点である。

　この取り組みの効用はいくつかあり得る。自ら課題を決めて学ぶことからアクティブ・ラーナーをつくる基盤となる，相当量のノートの記載を求めるため言語的活動としての意義がある，教員が子どもの学習方法を点検する機会になる，学習ノートを見ることを通じて子どもたちの生活に生じている変化を読み取ることができる，教師‐子ども間のコミュニケーション機会となる等である。

家庭学習指導
・宿題＋自主学習（自学，自勉…）自分の関心に沿った学習と，弱点を自分で発見し補充
・小学校ではとくにていねいな指導
・させっぱなしではない，必ず読み，手を入れ，子どもに返す
・教員の負担が課題

管理職のリーダーシップと同僚性の構築，実践的な教員研修
・教科をこえた研究授業見せ合い→同僚性
・学校内，学校外に授業を見に行く。県内外に関わらず研修に出かける→旅費の確保が課題

小中連携教育
・児童生徒の交流ではなく，教育課程や学習習慣などの面で，小中が連携し，系統性を持った指導を図る形が重要
・とくに中学校で成果

言語に関する授業規律や学習規律の徹底
・書くこと，話すこと，聞くことを大切にする
・ノート指導
・言葉は，すべての教科の基盤

学力調査の活用
・学校の課題を明確する際に活用

基礎基本の定着の重視と，少人数指導，少人数学級の効果
・発展的な学習よりも，基礎基本の定着のほうを重視
・TTや少人数指導を，全校が支持

放課後や夏期休業期間中の補習
・すべて教員が担う場合と，地域有償ボランティアが行う場合があり，指導者には地域差が存在

図 11-9 高い成果を上げている学校の特徴

反面課題もある。教員の負担である。とりわけ空き時間の相対的に少ない小学校教員にとって負担は大きくならざるを得ない。学級規模が大きい場合も負担過多に直結してしまうであろう。

②管理職のリーダーシップと同僚性の構築，実践的な教員研修

　ポイントは，第1にカリキュラムマネジメントの発想を持って管理職がリーダーシップを発揮しているかどうか。第2に，その際，まずは校長が自分のビジョンを明確にして表明し，職員との共通理解を図っているかどうかである。また，日ごろから教職員が目標を共有し，協働して子どもの指導に当たっていることも重要である。その典型例が教科の枠を超えた研究・研修体制の構築である。教科や学年の枠内に閉じるのではなく，授業研究や研究授業を全教員に開かれた形で取り組む体制づくりが鍵を握るという指摘があった。そういう取り組みを通して同僚性が構築されていく。

③小中連携教育

ここでのポイントは，児童・生徒の小中交流や行事を共同で行うことではなく，授業スタイルを共通化するなど，教育課程や学習指導の面での小中連携である。児童・生徒から見れば，小学校と中学校の間に学習スタイル面での断絶がないことになる。
④各種学力調査の活用
　この点については，ほぼすべての対象校の校長が学力調査は大切であると表明した。学力調査を手がかりに課題を学校で共有し，授業改善に生かす仕組みづくりをしているかどうかが重要である。

　図11-9にあげた取り組みは，ひとつひとつをとってみれば，特別でも珍しくもないであろう。多数の学校で実践されている取り組みばかりである。成果を上げている学校に顕著であったのは，その①徹底性と②組織性，③総合性である。学校全体が目標を共有して組織として取り組む，1人の子どもも置き去りにせず指導の徹底を図る，効果があるとされる取り組みをつまみ食い的に実施するのではなく，さまざまな取り組みを組み合わせて総合的に実行することである。その姿勢を持って高い成果を上げている学校に学ぶ学校が増えていけば，家庭的背景による学力格差の拡大に歯止めがかかり，その緩和に資するであろう。

(3) 小括

　小括を記して，本章を閉じたい。
　学力を最も規定する要因は，家庭的背景，SESである。残念ながら個々の子どもの努力や学校での取り組みではない。この意味で，学力格差は教育問題であるというよりは，社会問題である。所得の再分配，雇用政策，社会福祉など，家族の社会経済的状況に直接働きかける基盤的政策が重要性を持っている。
　しかし同時に，教育施策や学校での取り組みに効果がないというわけでもない。高い成果を上げている学校について述べたように，家庭学習指導のあり方や同僚性を高める取り組み，小中連携教育など，学校で取り組むべきことは多々ある。特に重要なのは，そうした取り組みを各学校で可能にするための行政による条件整備である。きめ細かな家庭学習指導や少人数指導は，いずれも

教員の加配がないと困難である。高い成果を上げている学校に学ぶためには，行政による支援が不可欠である。

　学力格差研究の課題にも触れておく。学力格差への社会学的接近は，わが国ではまだ緒に就いたばかりであり，研究を増やしていく点に第1の課題がある。その際，①教育経済学が先鞭をつけたパネル調査を中心とした因果関係の解明を目指す諸手法（Heckman 2013=2015）やマルチレベル分析等の解析方法の活用，②社会学的探索に十分な変数と規模を備え，テスト理論に依拠した学力調査の整備（データの公開を含む）が不可欠である。またわが国では実証的知見は乏しいものの，経済学的研究が主張するように，幼少期における介入が生涯にわたる不平等を低減させるとすれば，③就学前段階における認知的・非認知的能力の階層差に関する研究が必要だろう（浜野 2011）。高い成果を上げている学校の研究については，④今後，「成果を上げつつある学校」への注目（SESから予測される学力を大幅に下回る学力水準にあった学校で，そこからの回復をみた学校の研究）によって，実践的インプリケーションを生産できる可能性がある（耳塚 2018）。

　学力格差に関する社会学的研究が明らかにしてきたのは，ヤング（1958=1982）が『メリトクラシー』において示唆した業績主義社会のパラドックスにほかならない。メリトクラシーを目指して業績主義的選抜を徹底した社会が，結果的にエリートの子弟が地位を相続する社会となってしまうとしたら，なんという皮肉だろうか。人々の社会的地位達成過程においてメルクマールとされる学力と学歴というメリットには，家庭の文化資本や経済資本，社会関係資本の影響が混入してしまう。だとすれば，業績主義的選抜は人々の身分や社会的出自に基づく属性主義的選抜となんらかわるところはない。この隘路から抜け出すための社会学的研究，「平等の教育社会学」が，なによりも求められている。

註

1) 本章の主張全体について，付記しておくべきことが3点ある。

　①　家庭的背景と学力格差の実証的検討を行う上で，理論的に参照しているのは，いわゆる文化的再生産理論である。特に，経済資本，文化資本，社会関係資本の総量および個々の資本によって学力が左右されるという前提に基づいている（たとえば近藤博之（2012）を参照）。後述の「家庭の社

会経済的地位」(SES) は，家庭の経済資本と文化資本の総量を示す指標である。
② 学力は，社会的成功（ないしは成人における，富や文化的威信，健康，犯罪等に代表される「生活の質」QOL）を左右する，人生初期における重要な認知的要因である。近年，社会的成功に対する「非認知的要因」（論者によって内包するものは異なるが，勤勉性，自尊感情，忍耐力，感情知性等を含む）の影響力の大きさが注目されているが，本章はこの点を検討の中心には置いていない。
③ 行動遺伝学の研究成果によれば（安藤寿康 2007），学力に遺伝の影響はたしかに存在するが，学力は環境効果は小さいという法則が成り立たない例外的な領域の1つである。以下の分析では，遺伝的メカニズムを家庭的背景の中に含めて分析していることになるため，その分，家庭の経済的・文化的環境の影響が大きく見える。この点に留意が必要である。
2) JELS を実施するに際して，主に以下の外部資金を得た。
お茶の水女子大学21世紀COEプログラム「誕生から死までの人間発達科学」(2002〜6年度，拠点リーダー：内田伸子)，お茶の水女子大学グローバルCOEプログラム「格差センシティブな人間発達科学の創成」(2007〜11年度，拠点リーダー：耳塚寛明)，科学研究費補助金基盤研究（B）15H03484「青少年期から成人期への移行についての追跡的研究（第5次）——就学前環境と養育行動」(2015〜17年度，研究代表：耳塚寛明) 等。
3) 2013, 2014年度の文科省委託研究実施委員会のメンバーは以下のとおりである。耳塚寛明（代表），浜野隆，冨士原紀絵，中島ゆり，土屋隆裕，山田哲也，垂見裕子，中西啓喜，石井恭子。
4) いま1つの調査地域であるCエリアにおいてまったく同様の分析を行うと，家庭的背景の影響は相対的に小さいという結果が得られる。学力形成の地域差を明示しており重要な知見だが，詳しくは耳塚寛明（2007）を参照。
5) データは省略するが，社会関係資本と学力の間にも有意な相関が見られる。たとえば垂見裕子（2015）を参照。
6) このデータについては，研究実施委員会において，公表すべきかどうかが議論された。なお，本文に示した分析は3重クロス集計によるが，重回帰分析を行って知見を確認している。耳塚寛明・中西啓喜（2014）を参照。
7) より具体的な手続きに関しては，国立大学法人お茶の水女子大学（2014）を参照。

参考文献
安藤寿康，2007,「行動遺伝学からみた学力」耳塚寛明・牧野カツコ編『学力とトランジッションの危機――閉ざされた大人への道』金子書房, pp. 85-101.
冨士原紀絵，2014,「高い成果を上げている学校 事例研究」国立大学法人お茶

の水女子大学『全国学力・学習状況調査（きめ細かい調査）の結果を活用した学力に影響を与える要因分析に関する調査研究』, pp. 138-145.
浜野隆, 2011,「教育格差是正に向けた乳幼児発達支援の実践」『教育社会学研究』第 88 集, pp. 47-64.
石井恭子・冨士原紀絵, 2015,「高い成果を上げている学校 事例研究 (2)」国立大学法人お茶の水女子大学『学力調査を活用した専門的な課題分析に関する調査研究』, pp. 130-145
時事通信内外教育版, 1962,「学力の開き，実体はどうか」昭和 37 年 6 月 5 日 (1352 号), pp. 2-7.
時事通信内外教育版, 1963,「向上，転落，分布図変わる」昭和 38 年 12 月 24 日 (1514 号), pp. 2-9.
国立大学法人お茶の水女子大学, 2014,『全国学力・学習状況調査（きめ細かい調査）の結果を活用した学力に影響を与える要因分析に関する調査研究』(http://www.nier.go.jp/13chousakekkahoukoku/kannren_chousa/pdf/hogosha_factorial_experiment.pdf).
国立大学法人お茶の水女子大学, 2015,『学力調査を活用した専門的な課題分析に関する調査研究』(http://www.mext.go.jp/component/a_menu/education/micro_detail/__icsFiles/afieldfile/2015/08/24/1361056.pdf).
近藤博之, 2012,「社会空間と学力の階層差」『教育社会学研究』第 90 集, pp. 101-121.
耳塚寛明, 2007,「小学校学力格差に挑む――だれが学力を獲得するのか」『教育社会学研究』第 80 集, pp. 23-39.
耳塚寛明, 2018,「成果を上げつつある学校 事例研究」国立大学法人お茶の水女子大学『平成 29 年度「学力調査を活用した専門的な課題分析に関する調査研究」保護者に対する調査の結果と学力等との関係の専門的な分析に関する調査研究』, pp. 148-154. http://www.nier.go.jp/17chousa/pdf/17hogosha_factorial_experiment.pdf
耳塚寛明・牧野カツコ編, 2007,『学力とトランジッションの危機――閉ざされた大人への道』金子書房.
耳塚寛明・中西啓喜, 2014,「社会経済的背景別にみた，学力に対する学習の効果に関する分析」国立大学法人お茶の水女子大学『全国学力・学習状況調査（きめ細かい調査）の結果を活用した学力に影響を与える要因分析に関する調査研究』, pp. 83-92.
お茶の水女子大学教育社会学研究室, 2004a,『JELS 第 1 集 2003 年基礎年次調査報告（児童・生徒質問紙調査）』.
お茶の水女子大学教育社会学研究室, 2004b,『JELS 第 2 集 国語学力調査報告』.
お茶の水女子大学教育社会学研究室, 2004c,『JELS 第 3 集 算数・数学学力調査報告』.

お茶の水女子大学教育社会学研究室，2005a,『JELS 第 4 集　細分析論文集（1）』.
お茶の水女子大学教育社会学研究室，2005b,『JELS 第 5 集　中学校・高等学校学力調査報告』.
お茶の水女子大学教育社会学研究室，2005c,『JELS 第 6 集　お茶の水女子大学附属学校　学力調査報告』.
お茶の水女子大学教育社会学研究室，2006a,『JELS 第 7 集　2003 年基礎年次報告書（児童・生徒質問紙調査，保護者質問紙調査）』.
お茶の水女子大学教育社会学研究室，2006b,『JELS 第 8 集　C エリア基礎年次報告書』.
お茶の水女子大学教育社会学研究室，2007a,『JELS 第 9 集　C エリア　算数・数学学力調査報告』.
お茶の水女子大学教育社会学研究室，2007b,『JELS 第 10 集　細分析論文集（2）　C エリア　国語学力調査報告』.
お茶の水女子大学教育社会学研究室，2008,『JELS 第 11 集　A エリア　Wave2 調査報告』.
お茶の水女子大学教育社会学研究室，2009,『JELS 第 12 集　海外学会発表レポートおよび C エリア Wave2 調査報告』.
お茶の水女子大学教育社会学研究室，2010,『JELS 第 13 集　細分析論文集（3）』.
お茶の水女子大学教育社会学研究室，2011,『JELS 第 14 集　A エリア Wave3 調査報告』.
お茶の水女子大学教育社会学研究室，2012,『JELS 第 15 集　C エリア Wave3 調査報告および香港調査報告』.
お茶の水女子大学教育社会学研究室，2013,『JELS 第 16 集　細分析論文集（4）』.
お茶の水女子大学教育社会学研究室，2014,『JELS 第 17 集　細分析論文集（5）』.
お茶の水女子大学教育社会学研究室，2015,『JELS 第 18 集　細分析論文集（6）』.
志水宏吉編，2009,『「力のある学校」の探究』大阪大学出版会.
垂見裕子，2014,「保護者の関与・家庭の社会経済的背景・子どもの学力」国立大学法人お茶の水女子大学『全国学力・学習状況調査（きめ細かい調査）の結果を活用した学力に影響を与える要因分析に関する調査研究』, pp. 42-50.
垂見裕子，2015,「香港・日本の小学校における親の学校との関わり――家庭背景・社会関係資本・学力の関連」『比較教育学研究』51, pp. 129-150.
山田哲也，2014,「家庭の社会経済的背景による学力格差：教科別・問題別・学校段階別の分析」国立大学法人お茶の水女子大学『全国学力・学習状況調査（きめ細かい調査）の結果を活用した学力に影響を与える要因分析に関する調査研究』, pp. 57-70.
Heckman, J. J., 2013, *Giving Kids a Fair Chance: A Strategy that Works* (Boston Review Books), The MIT Press（古草秀子訳，2015,『幼児教育の経済学』

東洋経済新報社).

Rubinger, R., 2007, *Popular Literacy in Early Modern Japan*, University of Hawaii Press(川村肇訳,2008,『日本人のリテラシー 1600-1900年』柏書房).

Young, M., 1958, *The Rise of the Meritocracy 1870-2033: An Essay on Education and Society*, Thames and Hudson(窪田鎮夫・山元卯一郎訳,1982,『メリトクラシー』至誠堂).

あとがき

　日本社会の構造変動が急速に進む中，教育を中心とする現代日本の諸制度やさまざまな社会関係において，どのような課題が生じているか，また未来に向けてどのような展望が考えられるか。本著の企画は，教育社会学の学問としての強みである，精度の高いデータ収集力と，高度な分析力をもとに，そうした現代教育や社会関係に対する診断と処方箋を描こうとするものとしてスタートした。

　結果として出来上がった本書を眺めると，各章でテーマや方法論は多様であるが，グローバル化や格差社会化をはじめとするさまざまな社会変化の中で，教育のありよう，子どもや若者，家族，その他の社会関係にどのような変化が生じているか，またどのような未来が予測されるか，さまざまなデータをもとに論じるものとなったのではないかと思われる。

　本書には，「青少年期から成人期への移行についての追跡的研究」（第2章，第3章，第5章，第11章）や，「若者のワークスタイル調査」（第1章）のように，調査対象地域において長期間にわたり実施された縦断的調査に基づく論文，全国学力・学習状況調査と連携したナショナル・サンプル・データを扱った論文（第11章），官公庁や研究所のプロジェクトとして行われた大学卒業生（第6章）や高専卒業生（第7章）に対する大規模な質問紙調査データを分析した論文，高校の進路指導教師（第4章）や発達障害児の親（第9章）へのインタビュー調査を元にした論文，あるいは保育実習日誌のテクスト分析（第10章）や，アメリカ移民調査のアーカイブデータの分析（第8章）など，バラエティに富んだ内容とスタイルの論文が収められている。教育社会をフィールドに，実に多彩な教育社会学的研究が可能であることもまた，本書を通じて伝えたかったことの一つである。

　21世紀に入り，技術革新や産業構造の変化に伴い，能力観や選抜システムは大きく変化し，教育や社会関係のありように大小の影響をもたらしてきた。

そして現在，AIの普及など更なる情報化の進行により，社会構造に劇的な変化がもたらされるとの予測が示されている。これからも執筆者それぞれに，社会の変化をふまえた教育や社会関係のありようを注視し，課題や展望について検討しつづけることになるだろう。その際には，最終章，耳塚論文の最後に宿題として課された「平等の教育社会学」というものの探求を常に志向していたい。

　本書は，2019年3月末をもってお茶の水女子大学を定年退職になられる耳塚寛明教授に大学院で教えを受け，現在も研究を続けている卒業生の「退職記念論文集」として企画された。先生の学恩に報いるものに仕上がったかどうか不安も大きいが，ささやかな感謝のしるしとしたいと思う。

　耳塚先生は，1988年，編者である中西・上田がまだ学部生の時代に，お茶の水女子大学に赴任してこられた。いわゆるペタゴジー（pedagogy）としての教育学が支配的だった当時のお茶大教育学科にあって，耳塚先生は実証科学としての教育科学（educational science）への扉を開く一陣の風であった。学科一の厳しい指導で知られたが，当時の学生たちはこの新しい風を歓迎し，ゼミには学生があふれた。その後，お茶大の教育学科教育学コースは，人間社会科学科教育科学コースとなり，現在の先生の学部指導学生たちは，この人間社会科学科教育科学コースに所属する者たちとなる。

　大学院に進学して以降，先生からは一貫して研究することの面白さと辛苦を教えられてきたことを記憶している。今日でも決して数多いとはいえない女性研究者の養成という点においても，先生はひとかたならぬ貢献をされてきた。そのことは，本書を企画した際に，あっという間に10章分の書き手が集まってきたことが証明しているだろう。また，本書の執筆者以外にも，先生の指導を受けた者は数多く，他大学大学院に進学した研究者たちや，JELSや文科省他の共同プロジェクトを一緒に動かしてきた研究者たち，あるいは学部や大学院で学んだ専門性を活かして社会の様々な領域で活躍している卒業生たちがいることを，ここに記しておきたい。

　なお，第4章には，耳塚先生のたっての希望により，2008年に逝去された諸田裕子さんの原稿を掲載した。温和な人柄の諸田さんは，研究室のムードメー

カーで皆にとってかけがえのない存在であった。志半ばで早世された諸田さんの研究の軌跡をこのような形で残せることを心から嬉しく思う。

　先生は研究を通じて公正（fair）な社会を希求してこられたが，学生や社会への関わり方においても，常に公正であることを基本としておられたように思う。（本書における各章のテーマの多様さこそが，指導学生に自由に研究テーマを追究することを認めていただいた公正さの証といえるだろう。）厳しさや温かさ，先生にはさまざまな顔があるが，一般には生意気とされるだろうことでも正しいことであればいつでも耳を傾けてもらえるという信頼は，学部生の時代から揺らいだことはない。

　さまざまな先生の教えに心から感謝し，これからも卒業生一同研究に邁進することをお約束するとともに，先生ご自身のご研究のますすのご発展，ならびにご健康を心よりお祈りしたい。

　最後に，本書の出版に際し，さまざまなご尽力をいただき，遅れ続ける原稿を粘り強く待ってくださった勁草書房の藤尾やしお氏に，厚くお礼を申し上げたい。

　　　　　　　　　　　　編者を代表して　上田智子・中西祐子

索　引

ア行

新しい専門職像　*162*

移行（トランジション）　*3, 4, 13-15, 18-21, 24-27, 30, 43, 69, 83-85, 87, 108, 146, 152, 176, 190, 195*

依存　*29, 33-38, 40-43*

意味づけ　*46, 47, 63, 64, 158*

医療アクセス　*150, 154-156*

医療化（medicalization）　*141-143, 157, 158*

医療格差　*141, 142, 155, 156*

エリート段階　*106, 107*

親子ペア　*70, 83, 85*

カ行

階層差　*69, 70, 189, 191*

学位・資格　*121, 123, 124, 126-132, 134, 135*

学位取得国　*132, 135*

学習障害（LD）　*143*

学力格差　*i, 17, 84, 100, 173-175, 183, 184, 188, 189, 191, 192*

学歴　*i, 9-12, 15-23, 25, 26, 30, 31, 43, 69, 72, 75, 76, 79, 80, 82, 83, 85-87, 89, 90, 95, 99, 103, 107, 108, 118-124, 126-128, 130-132, 134, 135, 137, 145, 154, 177-179, 185, 189*

――期待　*69-74, 76-79, 81-83, 85-91, 93-95, 99, 154, 177-179*

――希望　*31, 32, 69-74, 76-79, 81-83, 85*

――の閉鎖性　*108*

語り　*22, 46-48, 50, 53, 54, 58, 62, 120, 142, 147, 150, 153, 156*

学校歴　*98, 108*

家庭的背景　*26, 85, 173-179, 183, 188-190*

家庭の教育戦略　*87*

加熱冷却　*69*

キャリア　*1, 8, 9, 14, 15, 17-21, 23-27, 30, 86, 88, 95, 99, 100, 109, 135, 162, 168*

教育期待　*84, 86, 87, 99*

教員　*i, 4, 17, 21, 38, 44-50, 52-65, 116, 117, 143, 149, 150, 160, 168, 185-187, 189*

共起ネットワーク分析　*166*

業績主義　*24, 27, 83, 175, 189*

グローバル化（グローバリゼーション）　*120, 122, 195*

訓練可能性　*108*

ケア労働　*42*

傾斜的選抜システム　*108*

ゲートキーパー　*44*

健康格差　*155*

高度人材　*121, 126, 130, 134-137*

コーホート　*70-72, 76-79, 81-84*

国際社会経済的職業スコア（International Socio-Economic Index of Occupational Status（ISEI））　*126, 131-133, 136*

国境を越えた移動（国際移動）　*122, 126, 134-137*

コミットメント　*113, 117*

コンピテンシー（competency）　*164, 165, 168-170*

サ行

ジェンダー（性規範）　*23, 24, 27, 42, 43, 84, 101, 122, 128-132, 134, 135, 137*

自己責任　*18, 37, 149, 150*

資質・能力　*162, 164, 165, 168*

地元つながり文化　*24, 25*

社会的トラッキング　*120, 121, 126, 135*

社会的ネットワーク　*117, 123*

就職活動　*35, 47*

授業外学習時間　*114-116*

少年事件　*144, 146, 147, 157*

初期教育達成　*70-82*

職業達成　*120-123, 126, 128-135*

自立　*10, 12, 29-43, 145, 161*

自律　14, 37-39, 41, 42, 168
自立観　29-32, 34, 37, 39-43
人的資本　107, 122, 159
進路指導　44-46, 48, 52-55, 58, 62-65, 195
スクリーニング　108
正社員・正規雇用　5-9, 14, 15, 18-21, 23-25, 33, 55, 56, 62-64
成長実感　87-90, 93-99
青年期　14, 15, 18, 19, 21-27, 29, 42, 43, 64, 137
全国学力・学習状況調査　17, 173, 174, 176, 178, 191, 192, 195
全国保育士養成協議会　162, 169
層別競争移動　108
属性主義　83, 87, 189

タ行

大学選択　87, 89-93, 95-97, 99
大都市　3, 5, 13, 20, 173, 176
高い成果を上げている学校　173, 175, 183-191
地域差　42, 187, 190
地方　20, 26, 29, 30, 39, 41, 70, 146, 176
注意欠陥多動性障害（ADHD）　143, 146, 157
賃労働　14, 42
テキストマイニング　166, 168, 169
都市　4, 13, 20, 26, 29, 30, 41, 70, 176

ナ行

ナショナリティ　134
人間関係　24, 114, 116, 117

ハ行

バイアス　71, 74, 83, 84
発達障害　141-158, 195
パネルデータ　70-72, 74, 76, 81, 83-85
非正規雇用　19

病人役割　142, 149
不本意入学　105-109, 116, 119
フリーター（無業者）　3-8, 13, 19, 20, 24, 25, 27, 35, 41, 44, 46-54, 56-61, 63-65
文化資本・経済資本　154, 174, 179, 189, 190
ペアレントクラシー　86, 87, 100
保育　21, 23, 33, 40, 149, 158-170, 195
保育士　23, 149, 159-162, 164-169
保育実践　162, 163, 167, 169
保育者としての資質・能力　166
保育者の専門性　159-164, 166, 167, 169

マ行

マス段階　106, 107
学びの経験　87
未定者　46, 49, 50, 52-56, 58, 62-64
矛盾した階級移動　122, 132
メリトクラシー　16, 17, 108, 119, 134, 175, 189, 193

ヤ行

ユニバーサル段階　106
幼児教育　17, 86, 159, 160, 168, 169, 192

ラ行

離家　30-32, 35, 36, 40, 42

アルファベット

ADHD　→注意欠陥多動性障害
JELS　i, 14, 16, 17, 19, 20, 26, 29-32, 40, 41, 43, 69-72, 76, 83-85, 176-178, 190-192, 196
LD　→学習障害
NIS　→ The New Immigrant Survey
SES　179-185, 188-190
The New Immigrant Survey（NIS）　120, 121, 123, 124, 126, 129, 134, 136, 138

執筆者紹介

耳塚　寛明（みみづか　ひろあき）［編者・第 11 章・はじめに］
現在：お茶の水女子大学基幹研究院人間科学系 教授
最終学歴：東京大学大学院教育学研究科博士課程単位取得満期退学
主著：『教育格差の社会学』（編著，有斐閣アルマ，2014）
　　　『学力格差に挑む』（編著，金子書房，2013）
　　　『学力とトランジッションの危機』（共編著，金子書房，2007）

中西　祐子（なかにし　ゆうこ）［編者・第 8 章・あとがき］
現在：武蔵大学社会学部 教授
最終学歴：お茶の水女子大学大学院博士課程人間文化研究科修了．博士（学術）
主著：『子育て世代のソーシャル・キャピタル』（共編著，有信堂，2018）
　　　『ジェンダー論をつかむ』（共編著，有斐閣，2013）
　　　『ジェンダー・トラック——青年期女性の進路形成と教育組織の社会学』（東洋館出版社，1998）

上田　智子（うえだ　ともこ）［編者・第 10 章・あとがき］
現在：聖徳大学児童学部 講師
最終学歴：お茶の水女子大学大学院博士課程人間文化研究科単位取得満期退学
主著：『教育と社会』（共著，学文社，2012）
　　　『ジェンダーで学ぶ教育学』（共著，世界思想社，2003）
　　　『現在と性をめぐる 9 つの試論』（共著，春風社，2007）

堀　有喜衣（ほり　ゆきえ）［第 1 章］
現在：労働政策研究・研修機構 主任研究員
最終学歴：お茶の水女子大学大学院博士課程人間文化研究科単位取得退学．博士（社会科学）
主著：『高校就職指導の社会学』（勁草書房，2016）
　　　『高校・大学の未就職者への支援』（共編著，勁草書房，2013）

寺崎　里水（てらさき　さとみ）［第 2 章］
現在：法政大学キャリアデザイン学部 准教授
最終学歴：お茶の水女子大学大学院博士課程人間文化研究科単位取得満期退学
主著：『わかる・役立つ 教育学入門』（共編著，大月書店，2018）
　　　『大学生になるってどういうこと？——学習・生活・キャリア形成』（共著，大月書店，2014）
　　　『ベストをつくす教育実習——強みを活かし実力を伸ばす』（共著，有斐閣，2017）

中島　ゆり（なかじま　ゆり）［第 3 章］
現在：長崎大学 大学教育イノベーションセンター 准教授
最終学歴：ニューヨーク州立大学バッファロー校教育研究科博士課程修了．Ph.D.（Educatio-

nal Culture, Policy, and Society）
主著：*Japanese Education in a Global Age: Sociological Reflections and Future Directions*（共著，Springer，2018）
『大学生の就職とキャリア――「普通」の就活・個別の支援』（共著，勁草書房，2007）
『教育の危機――現代の教育問題をグローバルに問い直す』（共訳，東洋館出版社，2017）

諸田　裕子（もろた　ゆうこ）［第 4 章］
現在：お茶の水女子大学 COE 研究員，東京大学大学院教育学研究科産学間連携研究員などを歴任．
最終学歴：お茶の水女子大学大学院博士課程人間文化研究科単位取得満期退学
主著：『教員評価の社会学』（共著，岩波書店，2010）
『学力の社会学――調査が示す学力の変化と学習の課題』（共著，岩波書店，2004）
『調査報告「学力低下」の実態』（共著，岩波ブックレット，2002）

王　杰（傑）（王杰（わんじぇ），通称名：王傑（おうけつ））［第 5 章］
現在：東京大学大学総合教育研究センター 特任研究員
最終学歴：お茶の水女子大学大学院人間文化研究科博士後期課程修了．博士（学術）
主著：『中国高等教育の拡大と教育機会の変容』（東信堂，2008）
『教育機会均等への挑戦――授業料と奨学金の 8 か国比較』（共著，東信堂，2012）
『学力格差に挑む』（共著，金子書房，2013）

望月　由起（もちづき ゆき）［第 6 章］
現在：日本大学文理学部教育学科 教授
最終学歴：お茶の水女子大学大学院人間文化研究科博士後期課程 単位取得満期退学．博士（学術）
主著：『現代日本の私立小学校受験――ペアレントクラシーによる教育選抜の現状』（学術出版会，2011）
『進路形成に対する「在り方生き方指導」の功罪――高校進路指導の社会学』（東信堂，2007）
「高等教育大衆化時代における大学生のキャリア意識――入学難易度によるキャリア成熟の差異に着目して」『高等教育研究』第 11 集，2008

李　敏（り　びん）［第 7 章］
現在：信州大学高等教育研究センター 講師
最終学歴：お茶の水女子大学大学院人間文化研究科博士後期課程修了．博士（学術）
主著：『中国高等教育の拡大と大卒者就職難問題――背景の社会学的検討』（広島大学出版会，2011）
『高専教育の発見――学歴社会から学習歴社会へ』（共著，岩波書店，2018）
「中国人留学生の日本留学理由決定要因に関する研究――Push-and-Pull モデルに基づいて」『大学論集』第 48 集，2016

木村　祐子（きむら　ゆうこ）［第9章］
現在：東京成徳大学子ども学部 助教
最終学歴：お茶の水女子大学大学院人間文化研究科博士後期課程修了．博士（社会科学）
主著：『発達障害支援の社会学――医療化と実践家の解釈』（東信堂，2015）
　　「少年非行における医療的な解釈と実践――実践家の語りにみる医療化プロセス」『教育社会学研究』第86集，2010
　　「医療化現象としての『発達障害』――教育現場における解釈過程を中心に」『教育社会学研究』第79集，2006

平等の教育社会学

現代教育の診断と処方箋

2019年2月20日　第1版第1刷発行

編著者　耳　塚　寛　明
　　　　中　西　祐　子
　　　　上　田　智　子

発行者　井　村　寿　人

発行所　株式会社　勁　草　書　房
112-0005 東京都文京区水道2-1-1　振替　00150-2-175253
（編集）電話 03-3815-5277／FAX 03-3814-6968
（営業）電話 03-3814-6861／FAX 03-3814-6854
本文組版 プログレス・三秀舎・松岳社

©MIMIZUKA Hiroaki, NAKANISHI Yuko, UEDA Tomoko　2019

ISBN978-4-326-25133-9　Printed in Japan

JCOPY ＜出版者著作権管理機構　委託出版物＞
本書の無断複製は著作権法上での例外を除き禁じられています。
複製される場合は、そのつど事前に、出版者著作権管理機構
（電話 03-5244-5088、FAX 03-5244-5089、e-mail: info@jcopy.or.jp）
の許諾を得てください。

＊落丁本・乱丁本はお取替いたします。

http://www.keisoshobo.co.jp

著者	書名	判型	価格
堀 有喜衣	高校就職指導の社会学 ——「日本型」移行を再考する	A5判	4000円
小杉礼子・堀 有喜衣編著	高校・大学の未就職者への支援 ——「普通」の就活・個別の支援	四六判	2500円
小杉礼子・宮本みち子編著	下層化する女性たち ——労働と家庭からの排除と貧困	四六判	2500円
荒牧草平	学歴の階層差はなぜ生まれるか	A5判	4300円
酒井 朗	教育臨床社会学の可能性	A5判	3300円
園山大祐編著	フランスの社会階層と進路選択 ——学校制度からの排除と自己選抜のメカニズム	A5判	4400円
園山大祐編著	教育の大衆化は何をもたらしたか ——フランス社会の階層と格差	A5判	3500円
G.ビースタ／上野正道ほか訳	民主主義を学習する ——教育・生涯学習・シティズンシップ	四六判	3200円
宮寺晃夫	教育の正義論 ——平等・公共性・統合	A5判	3000円
小玉重夫	教育政治学を拓く ——18歳選挙権の時代を見すえて	四六判	2900円
濱中淳子	検証・学歴の効用	四六判	2800円
石黒 格編著	変わりゆく日本人のネットワーク ——ICT普及期における社会関係の変化	A5判	2800円
林 明子	生活保護世帯の子どものライフストーリー ——貧困の世代的再生産	A5判	3500円

＊表示価格は2019年2月現在。消費税は含まれておりません。